나무가 말하였네

국립중앙도서관 출판시도서목록(CIP)

나무가 말하였네 / 고규홍. -- 서울 : 마음
산책, 2008
p. ; cm

ISBN 978-89-6090-030-1 03810 : ₩9000

485.1604-KDC4
582.16-DDC21   CIP2008000620

나무가 말하였네

고규홍

마음산책

나무가 말하였네

1판 1쇄 발행 2008년 3월 1일
1판 8쇄 발행 2014년 8월 15일

지은이 | 고규홍
펴낸이 | 정은숙
펴낸곳 | 마음산책

등록 | 2000년 7월 28일(제13-653호)
주소 | (우 121-840) 서울시 마포구 잔다리로 3안길 20(서교동 395-114)
전화 | 대표 362-1452 편집 362-1451 팩스 | 362-1455
홈페이지 | http://www.maumsan.com
블로그 | maumsanchaek.blog.me
트위터 | http://twitter.com/maumsanchaek
페이스북 | http://www.facebook.com/maumsanchaek
전자우편 | maum@maumsan.com

ISBN 978-89-6090-030-1 03810

* 책값은 뒤표지에 있습니다.

시인이 붙여준 이름을 가진 나무는 행복하다

□ 책머리에 □

시는 나무, 나무는 시다

나무를 찾아 길 위에 머무른 지 십 년, 그 처음은 시詩였다. 불혹의 나이에 어울릴 턱없는 낭만시처럼 무작정 다 버리고 떠난 곳이 수목원이었다. 거기서 나무를 만났다. 사람과의 소통을 단절한 채 나무와의 소통을 그렸다. 보지 않은 곳을 그리워할 수 있는 청춘처럼 설레고 행복했다. 소통 끊고 소통을 꿈꾸는 아이러니라니.

두 달의 무위도식 끝에 나는 다시 방 안에 틀어박혔다. 답답한 일상에 안개처럼 스며든 것이 시였다. 나무를 찾아 길 나서려 마음먹었는데, 시부터 찾은 거다. 볼 겨를이 없어 꼬박꼬박 챙겨두기만 했던 시집들이 책상 위에 한가득 쌓였다. 얼마간 잊고 지냈지만, 시에 내 젊은 날의 모든 은유가 담겼음을 깨우치는 수밖에.

색연필로 밑줄을 긋고 만년필로는 메모를 했다. 베끼기도 했다. 게걸스런 독서에 묵직한 식물도감이 보태졌다. 시에서 찾아낸 나무를 식물도감에서 확인하고……, 재미있었다.

정신이 혼곤해질 만큼 시에 빠져들 즈음엔 워드프로세서로 시를 입력하고, 엑셀 프로그램으로 분류도 했다. 시어와 시 속의 나무들을 수종별로 가르는 단순노동은 내 오랜 놀이다. 철든 뒤 내가 기억하는 가장 흥분되는 게임이었다.

내가 아직 보지 못한 시들이 궁금해, 닥치는 대로 시집을 새로 구했다. 서점에서 잡지를 뒤적이고, 서점 바닥에 주저앉아 나무시들을 직수굿이 베꼈다. 소화불량을 꿈꾸는 가난한 영혼 되어 끝없이 먹어치웠다, 시를.

그리고 길 위에 나섰다. 나무들이 눈에 들어왔고 나무 한 그루 한 그루가 내게 말하였다. 오동나무를 보면 김선우 시인의 '오동나무'가 떠올라 헤벌쭉 웃었고, 자작나무를 보면 김영무 시인의 '겨울나무'가 떠올랐다. 불갑사의 참식나무에선 조용미 시인의 '적막'이, 거리에선 영락없이 김현승 시인의 '플라타너스'가 읽혔다.

상수리나무를 보며 돌아가신 '외할머니'를 떠올린 건 박이도 시인의 시가 있어서였고, 물푸레나무를 보며 '그 여자'가 생각난 건 오규원 시인 때문이었다. '큰 나무' 앞에서 경건해진 것도 이육사 시인의 시 때문이었음이 분명하다. 헤아릴 수 없이 많은 시들은 내게 나무였고, 나무는 시였다.
 이제 처음에 그랬듯이 다시 나무처럼 아름다운 시를 천천히 집어 들었다. 지난 십 년 여정이 고스란히 배어든 시들이다. 시와 내 나무 여행의 흔적을 드러내는 일이 쉽지만은 않았다. 깨진 유리조각 맞추는 것처럼 손가락을 베이는 듯한 아픔도 있었다. 그래도 내 처음 시작이었던 시 앞에 돌아와 설 수 있다는 게 한없이 편안하고 행복하다.
 내 붓방아로 시의 좋은 이미지에 상처 나지 않기를 희망한다는 말은 허투루 하는 인사치레가 아니다. 재수록을 허락한 시인들께 감사드린다는 말도. 모두가 겹겹이 쌓인 고마움인 까닭이다.
 다시 시처럼 천천히, 시처럼 아름다운 나무를 찾아 길 떠나야겠다. 죽는 날까지 내가 걷기로 작정한 길이다

2008년 2월

고규홍

□ 차례 □

책머리에 • 7

🌿 🐦 강은교 | 나무가 말하였네 • 16
신경림 | 나무 1 • 18
장정일 | 사철나무 그늘 아래 쉴 때는 • 21
박목월 | 나무 • 25
정호승 | 나무에 대하여 • 27
윤동주 | 나무 • 29
박정만 | 매화 • 31
김혜순 | 허공에 뿌리를 내리는 나무 • 34
이성선 | 소식 • 38
김용택 | 그대 생의 솔숲에서 • 40
신동엽 | 진달래 산천山川 • 44
장철문 | 산벚나무의 저녁 • 48
문덕수 | 꽃과 언어 • 50
민영 | 용인龍仁 지나는 길에 • 52

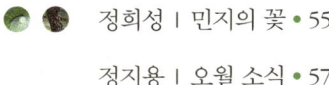 정희성 | 민지의 꽃 • 55
정지용 | 오월 소식 • 57

송수권 | 감꽃 • 60

손택수 | 어부림 • 62

고정희 | 황혼 일기 • 65

조지훈 | 낙화落花 • 69

박몽구 | 치자꽃을 보며 • 72

고진하 | 감나무 • 75

마경덕 | 고로쇠나무 • 78

이원규 | 사랑은 어떻게 오는가? • 82

정한모 | 멸입滅入 • 84

박이도 | 나 홀로 상수리나무를 바라볼 때 • 87

이홍섭 | 버드나무 한 그루 • 91

조용미 | 적막이라는 이름의 절 • 94

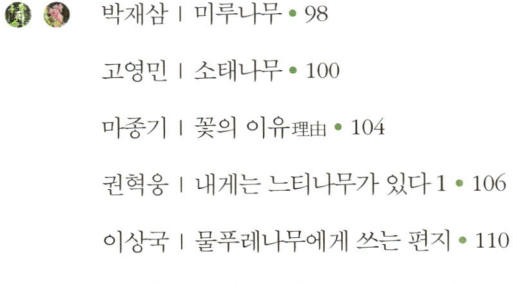

박재삼 | 미루나무 • 98

고영민 | 소태나무 • 100

마종기 | 꽃의 이유理由 • 104

권혁웅 | 내게는 느티나무가 있다 1 • 106

이상국 | 물푸레나무에게 쓰는 편지 • 110

김선우 | 오동나무의 웃음소리 • 114

서정춘 | 죽편竹篇 1 • 118

문정희 | 나무 학교 • 122

김현승 | 플라타너스 • 124

오규원 | 한 잎의 여자女子 3 • 128

도종환 | 담쟁이 • 131

박남수 | 나무 • 134

윤효 | 향나무 한 그루 • 136

이성복 | 그 여름의 끝 • 140

백무산 | 꽃은 단 한번만 핀다 • 143

이재무 | 상수리나무 • 146

복효근 | 고목 • 149

곽재구 | 은행나무 • 152

이기철 | 시월의 사유 • 156

이병금 | 낙엽을 위한 파반느 • 159

문태준 | 열병熱病 • 161

이육사 | 교목喬木 • 164

최하림 | 침묵의 빛 • 166

송찬호 | 탱자나무 울타리가 있는 과수원 • 168

이수익 | 겨울나무 • 170

김남주 | 고목 • 174

이선영 | 산수유나무 • 176

김명수 | 침엽수 지대 • 179

김영무 | 겨울나무 • 183

나희덕 | 너무 늦게 그에게 놀러간다 • 186

박라연 | 겨울 사과나무를 위하여 • 190

고재종 | 백련사 동백숲길에서 • 193

김춘수 | 인동忍冬잎 • 196

한용운 | 낙원樂園은 가시덤불에서 • 199

문인수 | 수장樹葬 • 203

기형도 | 겨울 · 눈雪 · 나무 · 숲 • 205

유치환 | 동백冬栢꽃 • 208

하종오 | 벌레집과 참새똥 • 210

정현종 | 사물事物의 꿈 1 • 212

김정환 | 나무 • 214

나태주 | 나무에게 말을 걸다 • 216

오세영 | 나무처럼 • 220

가만히 귀 대면
나무들의 새살거림이 들려오는 듯하다

나무가 말하였네

강은교

나무가 말하였네

나의 이 껍질은 빗방울이 앉게 하기 위해서
나의 이 껍질은 햇빛이 찾아오게 하기 위해서
나의 이 껍질은 구름이 앉게 하기 위해서
나의 이 껍질은 안개의 휘젓는 팔에
어쩌다 닿기 위해서
나의 이 껍질은 당신이 기대게 하기 위해서
당신 옆 하늘의
푸르고 늘씬한 허리를 위해서.

줄기 껍질은 나무의 어떤 데보다 내가 유심히 바라보는 데다. 오래된 나무일수록 줄기 표면에서 그윽하게 풍겨오는 세월의 향기가 신비롭다.

어느 여름 무덥던 날, 나는 충북 청원 연제리 모과나무 앞에 섰다. 작고 아담한 마을 한가운데 서 있던 나무였는데, 어느 날, 마을이 파헤쳐지고 일대가 신도시로 개발되기 시작했다.

예전에 골목길을 돌아들어 찾아갔던 나무를 되찾는 일은 쉽지 않았다. 골목길은 너른 직선 도로로 바뀌었고, 마을 노파들이 오순도순 정담을 나누던 정자는 사라졌다. 그 회색빛 공사판 한가운데 나무만 한 그루 횅뎅그렁하게 남았다.

서글픔이 피어났다. 하릴없이 나무만 바라보고 한참 서 있었다. 작은 마을이었기에 나무가 그리 커 보였던가? 마을을 뒤엎어 황당하리만큼 넓게 파헤쳐진 공사판 한가운데 서 있는 나무는 애처롭게만 보였다. 어느 순간, 조금은 수다스럽던 그때 그 노파들의 수런거림이 들려왔다. 어디에설까. 별다른 목적도 이유도 없는 노파들의 수런거림이 끊임없이 들려오는 곳은.

그랬다. 마을은 모두 사라졌지만, 나무줄기에는 노파들의 수런거림이 우련히 살아남았다. 모과나무가 거기 있는 한 앞으로도 오랫동안 그 안에 살아남을 것이다.

나무 1
— 지리산에서

신경림

나무를 길러본 사람만이 안다
반듯하게 잘 자란 나무는
제대로 열매를 맺지 못한다는 것을
너무 잘나고 큰 나무는
제 치레하느라 오히려
좋은 열매를 갖지 못한다는 것을
한 군데쯤 부러졌거나 가지를 친 나무에
또는 못나고 볼품없이 자란 나무에
보다 실하고
단단한 열매가 맺힌다는 것을

나무를 길러본 사람만이 안다
우쭐대며 웃자란 나무는
이웃 나무가 자라는 것을 가로막는다는 것을
햇빛과 바람을 독차지해서
동무 나무가 꽃 피고 열매 맺는 것을
훼방한다는 것을
그래서 뽑거나
베어버릴 수밖에 없다는 것을
사람이 사는 일이 어찌 꼭 이와 같을까만

　남해의 외딴섬 마을, 논둑의 대추나무가 시집을 갔다. 반듯하게 자라는 나무를 떡 벌어지게 자라도록 살짝 벌어진 줄기 사이에 커다란 돌을 끼웠다.
　매끈하니 곧추 자라는 나무는 열매를 적게 맺는다. 어떻게든 자람에 방해를 줘야 열매는 탐스럽고 풍성하게 괫힌다. 그래서 사람들은 줄기에 물오르는 봄이면 과일나무를 시집보낸다. 벌어진 줄기 사이에 큼지막한 돌을 한 덩이 끼워 넣으며 깔깔대면서 시집보내는 거라고 너스레를 놓는다.
　사람 사는 일이 나무 사는 일과 꼭 같다고 시인은 이야기한다. 보면 볼수록 나무살이는 사람살이를 닮았다. 잘나고 큰 나무는 열매를 많이 맺지 않는다. 맛나고 좋은 열매는 어딘지 조금 심술궂어 보일 만큼 삐죽거리며 자란 나무들에 더 많이 열린다.
　알고 보면 경남 의령에서 만난 멋진 감나무도 그런 거였다. 당산나무로까지 모시던 나무가 마을 사람들의 관심 밖으로 밀려난 건 순전히 감이 열리지 않는다는 이유 때문이었다. 우리나라의 감나무 가운데선 제일 클 뿐 아니라, 생김생김도 워낙 훌륭한 나무였거늘, 시인의 이야기처럼 열매를 맺지 않았다.
　잘난 나무들은 동무 나무가 자라는 것을 훼방 놓는다는 것도 그렇다. 나무들 사이에는 그리움의 거리가 있어야 한다고 했던가. 너무 바짝 붙어 있는 나무들은 서로의 자람을 방해하고, 그중에 더 크고 힘센 나무가 홀로 동무들을 물리치고 웃자란다.

그런 나무들을 뽑거나 베어버려야 동무 나무들이 모두 잘 자랄 수 있다는 건 사람살이에서도 마찬가지겠지. 그래서 당산나무처럼 큰 나무들은 외로이 자라게 마련이다. 곁의 다른 나무들을 훼방 놓지 않고 마을 어귀에 홀로 자라면서 사람과 어울린다. 홀로 남았지만, 사람과 어울리는 탓에 그 큰 나무는 베어내지도 뽑아버리지도 않는다.

그러나 함께 자라려면, 적당한 그리움의 거리를 갖고 어울려 자라야 한다. 사람살이도 똑같다.

사철나무 그늘 아래 쉴 때는

장정일

그랬으면 좋겠다 살다가 지친 사람들
가끔씩 사철나무 그늘 아래 쉴 때는
계절이 달아나지 않고 시간이 흐르지 않아
오랫동안 늙지 않고 배고픔과 실직 잠시라도 잊거나
그늘 아래 휴식한 만큼 아픈 일생이 아물어진다면
좋겠다 정말 그랬으면 좋겠다

굵직굵직한 나무등걸 아래 앉아 억만 시름 접어 날리고
결국 끊지 못했던 흡연의 사슬 끝내 떨칠 수 있을 때
그늘 아래 앉은 그것이 그대로 하나의 뿌리가 되어
나는 지층 가장 깊은 곳에 내려앉은 물맛을 보고
수액이 체관 타고 흐르는 그대로 한뒷박 녹말이 되어
나뭇가지 흔드는 어깨짓으로 지친 새들의 날개와
부르튼 구름의 발바닥 쉬게 할 수 있다면

좋겠다 사철나무 그늘 아래 또 내가 앉아
아무것도 되지 못하고 내가 나밖에 될 수 없을 때
이제는 홀로 있음이 만물 자유케 하며
스물 두 살 앞에 쌓인 술병 먼 길 돌아서 가고
공장들과 공장들 숱한 대장간과 국경의 거미줄로부터

그대 걸어나와 서로의 팔목 야윈 슬픔 잡아 준다면
좋을 것이다 그제서야 조금씩 시간의 얼레도 풀어져
초록의 대지는 저녁 타는 그림으로 어둑하고
형제들은 출근에 가위 눌리지 않는 단잠의 베개 벨 것인데
한 켠에서 되게 낮잠 자 버린 사람들이 나즈막히 노래불러
유행 지난 시편의 몇 구절을 기억하겠지

바빌론 강가에 앉아
사철나무 그늘을 생각하며 우리는
눈물 흘렸지요

　오랫동안 늙지 않으며 온갖 시름 잠시나마 잊을 수 있는 그늘이라면 키 작은 사철나무여도 좋다. 그저 '나' 로서밖에 달리 존재할 수 없는 그때라면, 나무가 한 그루 곁에 있어야 좋겠다고 나도 말한다. 장정일 시인처럼.
　사철나무 그늘이 그리워 조용한 산사를 찾았다. 극락보전 옆 사철나무 그늘에 들어, 세상 시름 잊으려 했다. 절집 뒤켠이어서 사람이 그리 많지 않은 사철나무 곁이라면 한참을 홀로 앉아도 좋으리라 생각했다. 사철 내내 한결같은 나무이니, 그 앞에선 시간도 계절도 멈추리라.
　그런데 이상하다. 대관절 어이 된 일인가. 나무가 없다. 기억 속에는 법당 처마의 빛바랜 단청 바로 아래서 고운 햇살 가득 담아내던 나무였거늘. 돌보는 사람 따로 없어도 아름답게 잘 자라던 나무인데. 줄기가 곧게 올라가다가 중간쯤부터 널찍하게 퍼져서, 여느 사철나무와 달리 그늘 짙은 나무였는데.
　그 자리에 나무는 없고, 반듯하게 잘려나간 나무 둥치만 땅바닥에 겨우 흔적으로 남았다. 내가 이 나무 그늘 아래 쉬던 때가 그리 오래됐던가. 곰곰 짚어보니, 일 년은커녕 반년도 채 안 지났다. 언제 잘려나간 건지, 나무 둥치 모서리는 그새 사람들의 발길에 짓밟혀 반질반질 닳았다. 하! 무성하게 자란 나무가 지나는 사람들에게 걸리적거리는 바람에 베어냈단다.

사람 사는 이 땅에서 나무에게는 멋스럽게 자라는 것도 죄가 된
다. 그것도 생을 앗기는 벌을 받아야 할 만큼 큰 죄다. 그 절집 사
철나무는 지나치게 잘생긴 까닭으로 생명을 잃었다. 그럴 줄 알
았다면 다른 사철나무들처럼 낮은 키로 그냥 담벼락에나 붙어 자
랄 것을. 공연히 팔 벌리고 넓게 큰 그늘 드리우느라 애써 자랐나
보다.

그 사철나무 그늘 아래 들어 출근에 가위눌리던 시절을 위로하
던 젊은 날들도 나무의 기억과 함께 산산이 부서진다. 사람이 그
러하듯 나무도 오래 편안하게 살 수 있는 세상이면 정말 좋겠다.

금연禁煙의 절집 안마당, 사철나무 없어 휑해진 하늘 아래서 흡
연의 충동이 솟구친다.

  * 사철나무 : 사철 내내 한결같은 나무라 해서 이름 붙은 나무다. 대개
는 3m 미만의 관목 형으로 자라는데, 경우에 따라서는 5m쯤 되는 교목
형태로 자라는 나무도 있다. 초여름 밝은 초록빛으로 꽃을 피우고, 10월쯤
에 열매가 붉게 익는다. 지름이 1cm 채 안 되는 열매가 앙증맞게 예쁘다.

나무

박목월

    유성儒城에서 조치원鳥致院으로 가는 어느 들판에 우두커니 서 있는 한 그루 늙은 나무를 만났다. 수도승修道僧일까. 묵중默重하게 서 있었다.
    다음 날은 조치원鳥致院에서 공주公州로 가는 어느 가난한 마을 어귀於口에 그들은 떼를 져 몰려 있었다. 멍청하게 몰려 있는 그들은 어설픈 과객過客일까. 몹시 추워 보였다.
    공주公州에서 온양溫陽으로 우회迂廻하는 뒷길 어느 산마루에 그들은 멀리 서 있었다. 하늘문門을 지키는 파수병把守兵일까. 외로와 보였다.
    온양溫陽에서 서울로 돌아오자, 놀랍게도 그들은 이미 내 안에 뿌리를 펴고 있었다. 묵중默重한 그들의. 침울沈鬱한 그들의. 아아 고독한 모습. 그 후로 나는 뽑아낼 수 없는 몇 그루의 나무를 기르게 되었다.

큰 나무를 만날 수 있는 길이라면 어디라도 반갑다. 잠시 그늘 아래 들어 쉬고 싶어진다. 길에서 만나는 나무는 그 길의 상징이다. 어느 길, 어느 마을에 가면 어떤 나무가 있다는 걸 기억할 수 있으면 좋겠다.

길가의 나무에 별다른 특징이 없다는 것 때문에 때로는 길을 걷는 일이 턱없이 심심하다. 따분하다. 활짝 핀 벚꽃이 싫을 리 없지만, 가도 가도 벚꽃만 흐드러진 봄 길을 오래 걸어본 사람은 안다. 그 긴 벚꽃 길 끝에서 무심하게 서 있는 한 그루 가죽나무의 단순함이 어찌 그리 화려하게 다가오는지를.

고을을 지나거나 거리를 지날 때마다 새로운 나무를 만날 수 있으면 어떨까? 일테면 유성에서 조치원으로 가는 길에서는 여름에 아름다운 배롱나무를 만나고, 조치원에서 공주로 가는 어느 가난한 마을 어귀에서는 한 그루의 웅웅한 느티나무를 만난다면 어떨까. 다시 또 공주에서 온양으로 우회하는 뒷길에서는 미루나무나 상수리나무를 무더기로 만나고, 온양에서 서울로 들어서면서는 이팝나무 가로수를 만난다면 말이다.

그렇게만 될 수 있다면 나는 내가 지나온 길을 나무로 기억할 수 있을 게다. 그리고 집에 돌아와서는 나도 시인처럼 뽑아낼 수 없는 몇 그루의 나무를 내 마음속에 키울 수 있을 텐데······.

나무에 대하여

정호승

나는 곧은 나무보다
굽은 나무가 더 아름답다
곧은 나무의 그림자보다
굽은 나무의 그림자가 더 사랑스럽다
함박눈도 곧은 나무보다
굽은 나무에 더 많이 쌓인다
그늘도 곧은 나무보다
굽은 나무에 더 그늘져
잠들고 싶은 사람들이 찾아와 잠이 든다
새들도 곧은 나뭇가지보다
굽은 나뭇가지에 더 많이 날아와 앉는다
곧은 나무는 자기의 그림자가
구부러지는 것을 싫어하나
고통의 무게를 견딜 줄 아는
굽은 나무는 자기의 그림자가
구부러지는 것을 싫어하지 않는다

꼭 그렇게 말할 수는 없으리라. 곧은 나무가 굽은 나무보다 더 아름답다고 말하는 것도 딱히 틀렸다 할 수 없으리라. 나무가 아름다운 게 어디 굽었다는 이유 하나 때문이겠는가. 곧은 나무보다 더 많은 눈이 쌓이고, 그늘도 더 짙으며, 새도 더 많이 찾아드는 굽은 나무. 그건 꼭 아름답거나 사랑스러워야 할 충분한 까닭이 될 수 없다고 나는 생각한다. 그런 생각으로 시를 보는데 문득 우리 사는 세상이 떠올랐다. 고통 많은 이 세상, 고해라는 무참한 말까지 서슴지 않는 세상, 굽으면 굽은 대로 그저 넉넉하게 순리를 받들어 살아가는 나무가 이리 신통할 수 없다. 생각을 고쳐먹고 그이의 생각에 동의해야겠다. 이제 알겠다. 굽은 나무가 우리 사람살이를 빼어 닮았다는 걸. 그리고 그림자가 구부러져도 그저 허허롭게 살아가는 나무는 이 세상 살면서 한 번쯤 만나서 경배해야 할 나무임을 뒤늦게 깨우친다.

  그이가 다른 시 「내가 사랑하는 사람」에서 "그늘이 없는 사람을 사랑하지 않는다"고 했던 속 깊은 까닭도 이젠 똑똑히 알겠다. 그이는 또 말했다. "나뭇잎 사이로 반짝이는 햇살을 바라보면 세상은 얼마나 아름다운가." 나무는 시가 되고, 시가 다시 사람살이가 되어 사람을 깨우친다. 한없이 굽은 나무 그늘 아래 들어서 사라진 내 그림자 찾는 대신 나뭇잎 사이로 스며드는 햇살의 찬란함을 온몸으로 받을 테다. 세상은 그러면 참 아름다워질 게다.

나무

윤동주

나무가 춤을 추면
바람이 불고,
나무가 잠잠하면
바람도 자오.

　바람이 와서 나무가 춤을 추는 건가, 나무가 춤을 추어서 바람이 오는 건가. 춤추는 나무를 바라보다가 그냥 이 바람을 데려온 게 나무의 춤이라고 생각한다. 세상의 모든 나무들은 보이게 혹은 보이지 않게 쉼 없이 춤을 춘다. 어쩌면 간지럼을 타는 건지도 모른다.
　배롱나무를 보면 알 수 있다. 키보다 더 넓게 펼친 가지를 보라. 한순간도 나무는 가만히 멈추지 않는다. 춤을 추는지, 간지럼을 타는지 끊임없이 가지를 흔들며 바람을 데려온다. 배롱나무를 지나며 간지럼 잘 타게 생긴 예쁜 여자에게 이 나무도 간지럼을 타는 나무라고 한다. 가만히 나무의 피부에 살살 간지럼을 태워보라는 내 이야기를 따라 그 여자가 나무의 매끈한 피부를 간질인다. 나무가 간지럽다며 가지 끝으로 손사래를 친다. 내 호들갑에 여자는 나보다 더 법석을 떨며 놀라는 척한다. 여자와 나의 호들갑에 상쾌한 바람이 실린다.
　나무는 그렇게 바람을 불러온다. 그 바람은 여름엔 차고, 겨울엔 따숩다. 춤추며 불러온 바람이어서다. 낮이 지나고 어스름 저녁, 나무는 적막궁산寂寞窮山에 빠져든다. 나무가 잠잠해지면, 사위四圍도 고요해지고, 이내 바람도 잔다. 사람도 잠잘 시간이다.

매화

박정만

매화는 다른 봄꽃처럼 성급히 서둘지 않습니다. 그 몸가짐이 어느댁 규수처럼 아주 신중합니다. 햇볕을 가장 많이 받은 가지 쪽에서부터 한 송이가 문득 피어나면 잇따라 두 송이, 세 송이, …… 다섯 송이, 열 송이…… 이렇게 꽃차례 서듯이 무수한 꽃숭어리들이 수런수런 열립니다. 이때 비로소 봄기운도 차고 넘치고, 먼 산자락 뻐꾹새 울음소리도 둘빛을 물고 와서 앉습니다. 먼 산자락 밑의 풀빛을 물고 와서 매화꽃 속에 앉아 서러운 한나절을 울다 갑니다.

매화는 박정만의 매화처럼 천천히 한 송이씩 피어야 한다. 한꺼번에 화들짝 피어나는 건 차라리 벚꽃이다. 봄마다 매화 잔치를 하는 매실농원에서 만나는 매화가 그래서 나는 좋지 않다. 해마다 때를 맞춰 찾아가기야 하지만, 만개한 때를 맞추지 못하는 선암사 매화가 진짜 매화라고 이야기하는 까닭이다.

매화는 "번거로운 것보다 희귀한 것을, 젊음보다 늙음을, 비만보다 수척을, 활짝 피어난 것보다 꽃봉오리를 귀하게 여기는 꽃"이라 해서 예로부터 '사귀四貴'를 이야기한다. 특히 매화를 그릴 때 잊지 말아야 한다고 한다.

그러고 보니, 박정만이 시에서 말한 것처럼 어느 댁 규수처럼 신중하게 피어나야 매화다. 그 신중함 끝에 봄기운이 달린다. 처음엔 이른 봄 꽃샘바람 맞고 피어나다가 바람결 한끝에 삽상하게 온기가 흐르고 먼 들판에 아지랑이 피어오를 때쯤이면 무수한 꽃송이가 비로소 수런수런 피어난다.

중국에서 처음 태어나 시기를 가늠하기 힘든 오래전에 이미 우리나라까지 찾아온 매화는 그 청초함이나, 은은한 향기가 우리네 옛 선비의 마음결을 그대로 닮았다. 옛 선비들이 좋아하지 않을 수 없었을 게다.

그들의 잔치 '88올림픽'이 소란 속에 끝나는 날이었을 게다. 바로 그날 돌보는 이 없이 홀로 세상을 떠난 박정만, 번거로운 세상

살이를 피해 자기 안으로만 파묻혀 들었던 시인은 그렇게 매화처럼 활짝 피어나기 전에 꽃봉오리인 채로 죽음에 들었다. 매화보다 더 매화 같다. 그는 매화를 '신중한 꽃'이라 노래했고 나는 지금도 남도의 매화 개화 소식에 가슴 설렌다.

* 매화 : 열매가 매실이어서, '매실나무'라고 부르는 나무다. 꽃이 매화梅花다. 10m 미만으로 자라는 낮은키나무이며, 이른 봄에 잎보다 먼저 꽃을 피운다. 분홍 기운이 도는 흰색이며 향기가 은은하다. 붉은 꽃을 피우는 종류를 홍매라고 부른다. 여름에 조금 길쭉한 공 모양의 열매인 매실梅實이 익는데 한방에서 주요 약재로 쓴다.

허공에 뿌리를 내리는 나무

김혜순

물구나무 기록 보유자가 그것도 자랑이라고
두 손으로 계단을 짚으며 내려간다
계단 옆의 동백나무들이
일생을 물구나무선 채
멀뚱히 쳐다본다

동백나무는 물구나무서서
아직도 언 땅 속을 손톱으로 후벼판다
후벼파다 말고 그 속에서
밥 알갱이라도 주웠는가
얼른 입 속으로 가져간다

이파리의 기억은 뿌리에 있다
우리 내장의 기억이 입술 밖
저 푸른 하늘에 있듯이

꽃들 속에 벌떼라도 숨어들었는가
꽃봉오리 속마다 소란하다
질식할 것 같은 땅 속에 입술을 부비고
넓디넓은 허공을 향해

저리도 얇은 태반을 내다 걸어
새끼를 매다는 저 꽃나무!
밤이 오면 누가 새끼라도 건드릴세라 전전긍긍
한쪽 눈마다 충혈된 고양이떼 같다

일진 광풍이 멈추자
알뿌리처럼 웅크린 뇌를 허공에 두고
하루종일 허공에 입질을 하다
여수 오동도까지 내려온 가련한 한 인생이
동백나무에 기대어 섰다
거꾸로 서서 바들거리는 나무의 몸통에
알뿌리를 기대고 서서
해 지는 쪽으로 내려간
물구나무 기록보유자를 아직도 보고 있다

　동백나무가 일생을 물구나무서서 자란다는 비유가 절묘하다. 겨울 언 땅을 손톱으로 후벼판다는 건 더 그렇다. 따뜻한 봄날 꽃을 피우는 여느 나무들과 다르게 겨울에 꽃을 피우는 까닭이 었을까.

　지친 몸을 이끌고 여수 오동도까지 내려간 가련한 인생이라면, 필경 그는 동백나무에 기댈 만하다. 오동도뿐 아니라, 여수에는 동백이 참 많다. 내가 본 우리나라에서 가장 큰 동백이 있는 곳도 여수다. 향일암 못미처 '임포'라는 이름의 해변 마을 낮은 동산 중턱에 바다를 마주하고 서 있는 나무다. 유난스레 크다.

　사방으로 고르게 뻗은 가지퍼짐으로 보아 예사 동백나무라 할 수 없다. 나이는 오백 살이 넘었단다. 신령한 나무가 아닐 수 없다. 바다 일 하는 사람이 많은 이 마을에서는 그래서 해마다 정월 대보름에 금오산 신령과 사해 용왕께 마을의 안녕과 풍어를 기원하는 제사를 이 나무 앞에서 지낸다. 그 이름이 당산제나 풍어제가 아니라 동백제冬柏祭다. 그럴 만도 하다.

　3월 중순쯤 이 마을을 찾으면, 크디큰 이 나무에서 앙증맞게 피어나는 빠알간 동백꽃을 볼 수 있으리라.

*동백 : 동백은 원래 겨울에 꽃을 피우는 나무이지만, 중부지방에서는 3월이나 돼야 꽃이 핀다. 대개는 7m 정도까지 자란다. 꽃도 아름답지만,

사철 푸르른 잎의 싱그러움도 좋다. 잎 표면에는 윤기가 흐르지만, 뒷면에는 윤기가 없으며, 가장자리에 톱니가 있다. 약용이나 생활용구 재료로도 쓰였지만, 무엇보다 꽃과 수형樹形이 아름다워 관상용으로 많이 심는다.

소식

이성선

나무는 맑고 깨끗이 살아갑니다

그의 귀에 새벽 네시의
달이 내려가 조용히
기댑니다

아무 다른 소식이 없어
바라보고 있으면 눈물이 납니다

땅 위에 "나무처럼 아름다운 사람은 없다"고 한 시인 이성선은 "나무처럼 아름다운 사람으로 살고 싶다"면서 묻는다. "나무도 나를 바라보고 아름다워 할까"(「아름다운 사람은 누구인가」에서).

이성선 시인의 시를 보면 그이가 "맑고 깨끗이" 산다고 한 나무만큼 그이도 맑고 깨끗하게 산 사람이었다는 걸 알 수 있다. 이성선 시인은 조용미 시인과 함께 내가 아는 한 나무의 감성을 가장 나무답게 노래하는 시인이다.

새벽 네 시까지 떠 있는 달, 그 달은 아마 손톱처럼 가느다란 그믐달이었을 게다. 그 마알간 달이 나무에 조용히 기대는 풍경을 노래할 수 있는 시인은 설악에서 태어나 설악에서 육십 생을 마쳤다. 그리고 설악이 품은 절 백담사에 그이의 시 한 수를 담은 시비가 남았다.

그이는 무슨 소식을 기다린 것일까. 조용히 귀 기울여 기다리던 소식이 없어 눈물지어야 했던 설악의 시인 이성선의 시들, 편편에 담긴 맑은 서정이 갈수록 소중하다.

그대 생의 솔숲에서

김용택

나도 봄산에서는
나를 버릴 수 있으리
솔이파리들이 가만히 이 세상에 내리고
상수리나무 묵은 잎은 저만큼 지네
봄이 오는 이 숲에서는
지난날들을 가만히 내려놓아도 좋으리
그러면 지나온 날들처럼
남은 생도 벅차리
봄이 오는 이 솔숲에서
무엇을 내 손에 쥐고
무엇을 내 마음 가장자리에 잡아두리
솔숲 끝으로 해맑은 햇살이 찾아오고
박새들은 솔가지에서 솔가지로 가벼이 내리네
삶의 근심과 고단함에서 돌아와 거니는 숲이여 거기 이는 바람이여
 찬 서리 내린 실가지 끝에서
눈뜨리
눈을 뜨리
그대는 저 수많은 새 잎사귀들처럼 푸르른 눈을 뜨리
그대 생의 이 고요한 솔숲에서

　요즘 젊은 사람들이 하나쯤 갖고 있는 블로그처럼 내게도 오래된 홈페이지가 하나 있다. 그 이름이 '솔숲닷컴'이다. 영어로 sol-sup.com이니, 미국식 발음으로 읽으면 '솔섭닷컴'이 맞을 게다. solsoop.com으로 하면 됐을 것을, 그 이름은 나보다 솔숲을 더 좋아하는 누군가가 먼저 가지고 있었던 까닭에 어쩔 수 없이 sol-sup.com으로 하고, 굳이 '솔숲닷컴'으로 읽는다.

　소나무 무성한 솔숲. 그 숲 소나무 그늘 아래에는 웃자란 소나무 가지 사이로 비어져 들어오는 햇살을 받으려 안간힘하며 자라는 상수리나무도 있다. 이 산하 어디에서나 잘 자라는 상수리나무이건만 솔숲에서는 그야말로 전쟁처럼 치열하게 제 삶을 지킨다. 고요하지만, 숲 안에서 나무들이 펼치는 생존투쟁은 한없이 치열하다.

　소나무만큼 우리 민족의 사랑을 받는 나무는 없다. 가만 놔두면 소나무 숲 안에서 제 몸피를 키운 상수리나무가 소나무를 몰아냈을지도 모른다. 하지만 예부터 우리는 소나무를 베어내지 못하게 한 대신, 상수리나무 신갈나무 굴참나무 같은 도토리나무들을 베어 땔감으로 썼다. 우리 소나무들은 그렇게 사람의 보호 속에 안심하고 무성하게 자라서 우리 숲을 지키는 터줏대감이 됐다.

　소나무들이 한데 모여 자라는 숲, 솔숲은 이 땅에 가장 많은 숲 가운데 하나다. 아예 산 전체가 소나무 위주의 숲인 곳도 있고, 마을 숲처럼 마을 가장자리에 숲을 이룬 소나무들도 적지 않다. 경북 영주 소수서원의 솔숲은 아마도 우리네 솔숲 가운데 가장 아름다운 숲 아닐까. 옛 선비들을 키워내 '학자수學者樹'라고도 불리는 소나무들이 무리를 이뤄 자라는 아름다운 숲이다.

우리가 오랫동안 그리 귀하게 지켜온 것처럼 소나무들은 이제 우리를 맑은 공기로 지켜준다. 우리 푸르른 생의 찬가를 부를 아름다운 숲으로 우리와 함께 오래오래 이 땅에 남아야 할 솔숲이다.

* 소나무 : '으뜸'을 뜻하는 우리말 '수리'에서 '솔'이 돼 '솔나무'로, 다시 '소나무'로 이름 붙었다. 우리나라의 전 지역에서 잘 자라는 나무로, 30m가 넘게 자란다. 잎은 잣나무와 비슷하지만, 잣나무가 다섯 개씩 모여나는 것과 달리 두 개씩 모여난다. 5월쯤 '송화松花'라 부르는 꽃이 피고 이듬해 가을에 솔방울이 맺힌다.

진달래 산천山川

신동엽

길가엔 진달래 몇 뿌리
꽃 펴 있고,
바위 모서리엔
이름 모를 나비 하나
머물고 있었어요

잔디밭엔 장총長銃을 버려 던진 채
당신은
잠이 들었죠.

햇빛 맑은 그 옛날
후고구렷적 장수들이
의형제를 묻던,
거기가 바로
그 바위라 하더군요.

기다림에 지친 사람들은
산으로 갔어요
뼛섬은 썩어 꽃죽 널리도록.

남햇가,
두고 온 마을에선
언제인가, 눈먼 식구들이
굶고 있다고 담배를 말으며
당신은 쓸쓸히 웃었지요.

지까다비 속에 든 누군가의
발목을
과수원果樹園 모래밭에선 보고 왔어요.

꽃 살이 튀는 산 허리를 무너
온종일
탄환을 퍼부었지요.

길가엔 진달래 몇 뿌리
꽃 펴 있고,
바위 그늘 밑엔
얼굴 고운 사람 하나
서늘히 잠들어 있었어요.

꽃다운 산골 비행기가
지나다
기관포 쏟아 놓고 가 버리더군요.

기다림에 지친 사람들은
산으로 갔어요.
그리움은 회올려
하늘에 불 붙도록.
뼛섬은 썩어
꽃죽 널리도록.

바람 따신 그 옛날
후고구렷적 장수들이
의정제를 묻던
거기가 바로
그 바위라 하더군요.

잔디밭에 담배갑 버려 던진 채
당신은 피
흘리고 있었어요.

산천에 진달래 피어난다. 그래야 우리 산천이다. 진달래 피는 곳이라면 어느 산, 어느 마을이라도 살갑다. 진달래 꽃 없는 산과 들, 우리에겐 허전하다. 신동엽을 숨죽여 읽던 시절이 있었다. 가방 속 깊은 곳이거나 골방 장롱 깊숙한 곳에서만 신동엽은 진달래처럼 붉게 피어났다. 이 산천이 군홧발에 짓밟히고, 장총에 피 흘리던 터무니없는 시절이었다. 따뜻한 남쪽보다는 낮은 산의 북쪽, 그것도 헐벗고 척박한 땅에 먼저 자리잡고 자라는 진달래는 이 땅의 백성들을 무척이나 똑같이 닮았다. 그래서 시인은 진달래 산천을 바라보며 후고구렷적 장수들을 생각했는가 보다. 돌보지 않아도 스스로 자라고 홀로 꽃 피우는 진달래는 그리 오랜 세월 이 땅의 봄을 순박하게 지켰다. 왜 신동엽의 진달래에는 피 냄새가 섞여 들어 있는지, 이제는 기억하기 쉽지 않다. 그래, 이제는 진달래에서 고운 사람 얼굴을 떠올릴 수 있다면 좋겠다.

* 진달래 : 우리나라의 어느 곳에서나 잘 자라는 낮은키나무다. 대개는 낮은 산의 북쪽 사면에서 자란다. 뿌리가 깊지 않아서 햇볕이 강하면 말라 죽기 때문이다. 잘 자라야 3m 정도다. 꽃은 4월에 잎보다 먼저 분홍빛으로 피어난다. '참꽃,' '두견화' 라고도 부른다. 철쭉과 개우 비슷하게 생겼다. 철쭉은 진달래가 피고 난 5월쯤에 피어나고, 진달래가 먹는 꽃인 것과 달리 먹으면 탈이 난다 해서 '개꽃' 이라고 부른다.

산벚나무의 저녁

장철문

　민박 표지도 없는 외딴집. 아들은 저 아래 터널 뚫는 공사장에서 죽고, 며늘아기는 보상금을 들고 집 나갔다 한다. 산채나물에 숭늉까지 잘 얻어먹고, 삐그덕거리는 널빤지 밑이 휑한 뒷간을 걱정하며 화장지를 가지러 간다. 삽짝 없는 돌담 한켠 산벚꽃이 환하다. 손주놈이 뽀르르 나와 마당 가운데서 엉덩이를 깐다. 득달같이 달려온 누렁이가, 땅에 떨어질세라 가래똥을 널름널름 받아먹는다. 누렁이는 다시 산벚나무 우듬지를 향해 들린 똥꼬를 찰지게 핥는다. 손주놈이 마루로 올라서자 내게로 달려온 녀석이 앞가슴으로 뛰어오른다. 주춤주춤 물러서는 꼴을 까르르 까르르 웃던 손주놈이 내려와 녀석의 목덜미를 쓴다. 녀석은 꼬리를 상모같이 흔들며 긴 혓바닥으로 손주놈의 턱을 바투 핥는다. 저물어가는 골짜기 산벚꽃이 희다.

길가에 줄지어 서서, 화들짝 놀란 듯 한꺼번에 꽃을 피우는 벚나무들과, 산길에서 우연히 만나는 산벚나무는 사뭇 다르다. 봄을 상징하는 듯한 도시의 벚나무 가로수들이 펼치는 꽃의 향연은 아름다우나 꽃 한 송이가 지닌 절대미絶對美를 찾아볼 수 없어 아쉬움이 더 크다.

한적한 산길이거나 고즈넉한 절집에 홀로 서서 꽃을 피우는 산벚나무에서는 꽃 한 송이의 귀함을 오랫동안 들여다볼 수 있어 좋다. 세상의 모든 꽃들이 사람의 눈을 즐겁게 하려는 게 아니라, 종족 번성을 이루기 위한 고유의 아름다움을 가진 탓일 게다.

산벚나무 꽃 희게 핀 골짜기 외딴집, 사람들의 세상에 드리운 시름이 그득하다. 나무 곁에서 엉덩이를 깐 아이와 누렁이, 그리고 흐벅지게 피어난 산벚꽃은 그래서 웃고 있어도 서글프다.

* 벚나무 : 봄에 피는 꽃이 아름다워 우리나라 전국에 걸쳐 심고 가꾸는 나무다. 20m 넘게 자란다. 줄기 껍질이 옆으로 벗겨지는 특징을 가졌다. 봄의 상징처럼 여겨지는 벚꽃은 4월부터 5월 사이에 흰색이나 분홍색으로 두 송이에서 다섯 송이까지 붙어서 핀다. 여름이 익는 동그란 열매를 버찌라 부른다. 일본의 국화는 벚나무 종류 중 왕벚나무인데, 그 자생지는 일본에 없고, 우리나라 남부 지역에 있다.

꽃과 언어

문덕수

언어는
꽃잎에 닿자 한 마리 나비가
된다.

언어는
소리와 뜻이 찢긴 깃발처럼
펄럭이다가
쓰러진다.

꽃의 둘레에서
밀물처럼 밀려오는 언어가
불꽃처럼 타다간
꺼져도,

어떤 언어는
꽃잎을 스치자 한 마리 꿀벌이
된다.

　나비 한 마리가 봄날 절집의 정적을 가르며 날아와 나리꽃을 찾았다. 여린 다릿짓으로 암술 수술 꽃가루를 헤치며 꿀을 찾는다. 가는 꽃대 위에 매달린 꽃들이 여린 기쁨으로 몸을 흔든다. 나비 한 마리와 꽃 한 송이가 주고받는 몸의 언어만 살아 있다.
　고요했던 산사에 사람들이 찾아든다. 나비와 나리의 해독 불가한 언어 바깥에 사람들의 언어가 수런수런 몰려든다. 밀려든 사람들의 언어에 나비는 화들짝 놀라 날개를 펴고 멀리 날아간다. 나비와 나리의 커뮤니케이션이 그렇게 잠시 멈춘다. 그래, 그건 잠시뿐이다.
　사람들의 수런거림이 나비에게도 나리에게도 익숙해질 즈음 어디론가 떠났던 나비가 다시 나리꽃에 다가온다. 다시 그들은 은밀한 메시지를 나눈다. 어느 틈에 나비의 가느다란 다리에 나리의 꽃가루가 묻었다. 황홀해진 나리가 씨앗 맺을 채비를 할 차례다.

용인龍仁 지나는 길에

민영

저 산벚꽃 핀 등성이에
지친 몸을 쉴까.
두고 온 고향 생각에
고개 젓는다.

도피안사到彼岸寺에 무리지던
연분홍빛 꽃너울.
먹어도 허기지던
삼춘三春 한나절.

밸에 역겨운
가구가락可口可樂 물냄새.
구국 구국 울어대는
멧비둘기 소리.

산벚꽃 진 등성이에
뼈를 묻을까.
소태같이 쓴 입술에
풀잎 씹힌다.

시인 민영의 고향은 철원이다. 다섯 살 겨우 넘긴 어린 그이는 부모님을 따라 만주로 갔고, 거기에서 어린 시절을 보냈다. 일제 침략 말기인 1939년이다. 갈라진 북녘에 맞닿은 철원에는 우직한 절 '도피안사到彼岸寺'가 있다. 그이는 두고 온 고향을 생각하면서 그 절에 무리지던 꽃너울을 떠올릴 수밖에 없었을 게다.

그이가 용인 지나는 길이었나 보다. 수도권의 도시 용인을 지나며 고향을 떠올렸다는 게 지금으로서는 선뜻 납득되지 않는다. 도피안사가 있는 철원이 무지막지하게 파헤쳐진 용인과 비교되지 않는 까닭이다. 지금의 내게는 그렇지 않아도 이 시를 쓰던 70년대의 그이에게는 고향 생각이 가능했나 보다.

아파트 숲과 자동차 물결치는 용인의 한 아파트 단지 가운데에는 풍운아 조광조의 사당이 있다. 심곡서원深谷書院이라는 이름이 붙었다. 고향을 떠나 타향에서 사약을 받고 삶을 마친 조광조는 죽어서 주검조차 한곳에 머물지 못하고 떠돌아야 했다. 한참 뒤, 후손 중 한 사람이 그의 주검을 용인으로 고이 옮겨왔고, 가까이에 서원을 세워 그를 추모하고자 했다.

타향 땅에서 삶을 마감한 조광조도 고향이 그리웠을 것이다. 고향 떠나 남도에서 삶을 마감한 그이의 주검을 용인으로 모셔온 것은 죽어서라도 고향 한성漢城을 바라보며 편히 쉴 곳이라 생각한 게다.

심곡서원 마당에 사람들은 느티나무를 심었다. 향나무도 은행나무도 심었다. 한 인간의 깊은 한과 함께 나무들은 모두 3백 살을 넘은 큰 나무가 됐다. 사람들은 그 나무를 멋진 나무라 한다. 그러나 내 눈에는 고향을 그리워하며 타향에서 죽어간 한 젊은 혁명가의 애끓는 한이 깊이 배어든 쓸쓸한 나무로 보인다.

사람 사는 곳은 제가끔 다르지만, 그곳에서 무리지어 피어나는 나무의 꽃들은 한결같다. 꽃을 보며 고향집을 떠올리는 건 하릴없다. 나도 어느 길 지나다가 진달래 핀 낮은 동산만 보면 어릴 적 맡겨 길러지던 외할머니 댁 뒷동산이 생각난다. 그렇게 고향을 떠올릴 수 있는 풍경들이 차츰 사라지는 요즘, 나는 시인 민영처럼 고개를 저을 수밖에 없다.

* 산벚나무 : 우리나라의 전국에 걸쳐 산에서 자라는 벚나무 종류의 나무다. 20m까지 자라는 나무이며, 벚나무 왕벚나무 올벚나무 개벚나무 등과 같이 봄에 화사한 연분홍색 꽃을 피운다. 벚나무 유의 나무들이 모두 그렇듯 줄기 껍질은 짙은 갈색이며, 가로로 갈라지는 특징이 있다. 벚나무에 비해 작은 가지가 더 굵고 털이 없다는 특징이 있지만, 비전문가로서는 구별하기 쉽지 않다.

민지의 꽃

정희성

강원도 평창군 미탄면 청옥산 기슭
덜렁 집 한채 짓고 살러 들어간 제자를 찾아갔다
거기서 만들고 거기서 키웠다는
다섯살 배기 딸 민지
민지가 아침 일찍 눈 비비고 일어나
저보다 큰 물뿌리개를 나한테 들리고
질경이 나싱개 토끼풀 억새……
이런 풀들에게 물을 주며
잘 잤니, 인사를 하는 것이었다
그게 뭔데 거기다 물을 주니?
꽃이야, 하고 민지가 대답했다
그건 잡초야, 라고 말하려던 내 입이 다물어졌다
내 말은 때가 묻어
천지와 귀신을 감동시키지 못하는데
꽃이야, 하는 그 애의 말 한마디가
풀잎의 풋풋한 잠을 흔들어 깨우는 것이었다

　시를 보다가 나도, 풀잎의 풋풋한 잠을 흔들어 깨우는 다섯 살배기 민지의 '잘 잤니' 하는 인사에 입이 다물어졌다.
　유난히 단풍이 아름다운 청옥산. 그 기슭 어디에선가 조용히 울려오는 천지를 감동시키는 아이의 한마디. 사는 동안 내내 잊지 않을 테다. 나무를 찾아가는 첫걸음이 바로 그 한마디임을 나는 안다.

오월 소식

정지용

오동梧桐나무 꽃으로 불 밝힌 이곳 첫여름이 그립지 아니한가?
어린 나그네 꿈이 시시로 파랑새가 되어 오려니.
나무 밑으로 가나 책상 턱에 이마를 고일 때나,
네가 남기고 간 기억記憶만이 소곤소곤 거리는구나.

모처럼만에 날아온 소식에 반가운 마음이 울렁거리어
가여운 글자마다 먼 황해黃海가 남실거리나니.

……나는 갈매기 같은 종선을 한창 치달리고 있다……

쾌활快活한 오월五月 넥타이가 내처 난데없는 순풍順風이 되어,
하늘과 딱 닿은 푸른 물결 위에 솟은,
외딴 섬 로맨틱을 찾아갈까나.

일본말과 아라비아 글씨를 가르치러 간
쬐그만 이 페스탈로치야, 꾀꼬리 같은 선생님이야,
날마다 밤마다 섬 둘레가 근심스런 풍랑風浪에 씻히는가 하노니,
은은히 밀려오는 듯 머얼리 우는 오르간 소리……

　오월은 꽃의 계절 사월이 지나야 온다. 오월 전의 사월을 계절의 여왕이라 했던가. 개나리 진달래 목련에서 시작된 나무들의 사월 개화 잔치는 겨울의 삭막함을 벗어나게 하는 고마운 자연의 조화다.
　오월 소식은 그 나무의 꽃들이 하나 둘 꽃잎을 떨굴 때쯤이면, 황급히 달려왔던 사월과는 아주 다르게 천천히 건너온다. 그때쯤이면 바람에는 따뜻한 기운이 묻어든다. 농부들은 모내기 채비에 나서야 한다.
　농부들의 분주한 손길에 첫 여름 소식을 전해오는 건 무엇보다 나무들이다. 나무에 꽃이 잘 피면 풍년이 든다는 믿음은 그래서다.
　오동나무처럼 예쁘게 오월 소식을 전하는 나무가 이팝나무다. 농사를 지을 줄 모르는 무지렁이지만, 나에게도 오월 소식을 전해주는 오래된 벗 같은 나무가 있다. 전남 순천의 '쌍암면 이팝나무'라는 멋진 나무다.
　오월 초에 꽃을 피워서 보름 정도 넉넉히 피어 있는 느긋한 나무이거늘, 그때를 맞추는 게 그리 편치 않았다. 순리를 따르는 나무가 순리를 모르는 사람을 기다려줄 리 없다. 해마다 개화 시기를 수첩에 적으며 찾아다니기는 하지만, 그래봤자 절정을 이룬 이 나무의 개화를 보는 게 그리 느긋한 일만은 아니다. 성마른 마음에 서둘러 달려가면, 아직 꽃봉오리 올라오기 전이고, 꽃 그리운 마음 달래며 참고 참다 찾아가면 어느 새 낙화를 마친 때이기도 했다.

어느 봄날 이른 아침, 안타까운 마음에 나무 앞에서 넋을 빼고 서 있으려니, 나무 앞에서 한창 논을 갈던 농부 한 분이 연유를 묻는다. "꽃잎 떨어진 게 아쉬워 그런다" 하자, 선뜻 자신의 전화번호를 적어준다. "내년부터는 내가 이 나무의 오월 소식을 전해줄 테니, 전화 받고 오라" 한다.

그 뒤, 다른 나무들의 안부처럼 챙기지 않아도 순천 이팝나무는 해마다 오월 소식을 전해온다. 바람에 실려 온 나무의 오월 소식을 남도의 한 농부는 꼬박꼬박 내게 전해준다. 그이가 전해주는 따뜻한 오월 소식 덕에 내 봄나들이는 언제나 향그럽다. 순천 아닌 어디여도 편안하기만 하다.

감꽃

송수권

밝은 햇빛 속에
또록또록 눈을 뜬 감꽃이 지고 있다.
아이들 두셋이 짚오리에
타래 타래 감꽃을 엮어 목걸이를 꿰면서
돌중 흉내를 내고 있다.
감꽃 속에 까치발 뒤꿈치도 묻히는 게 보이면서
또랑또랑한 목소리도
크림색 밝은 향기에 실리면서
오월의 햇빛 속에
또록또록 눈을 뜬 감꽃이 지고 있다.

감꽃 줍는 애들 곁에서
하나 둘 나도 감꽃을 주우면서
금목걸이를 목에 두를까
금팔찌를 두를까
능구렁이 같은 나의 어두운 노래 끝도
실리면서
밝은 햇빛 속에
또록또록 눈을 뜬 감꽃이 지고 있다.

　나는 감꽃 목걸이를 만들어본 적이 없다. 나이 마흔이 넘도록 어지러운 도시를 벗어나지 못한 까닭이다. 그래서 감꽃 목걸이를 목에 걸고 놀았을 시골 아이들이 하냥 부럽다. 그리고 이제는 안다. 초하初夏의 어느 시골 골목길에 떨어진 감꽃들을 실로 엮으면 얼마나 예쁜 목걸이가 되는지를. 이 감꽃 목걸이는 손톱 끝에 까만 흙이 촘촘히 묻어난 시골 아이들의 목에 걸어야 더 예쁘다.

　감나무는 시골 아이들에게 목걸이를 만들어주면서 자기는 열매 맺을 채비에 나선다. 그리고 더운 여름 지나면 아이들은 다시 또 감나무에 조롱조롱 맺힌 감을 따내려고 어른들을 조른다. 어른들이 감을 따려고 끝이 둘로 나뉜 긴 꼬챙이를 들고 나서거나, 나무에 기어오르거나……. 나무 앞에서 야단법석이 벌어지는 동안 아이들은 벌써 감 한 입 베어 물고 환하게 웃는다.

　그 모습 바라보는 초가지붕 위의 까치들도 즐겁게 '까악' 대며 웃는다. 나무에 매달린 어른은 필경 맛난 감 두엇, 저 까치들의 겨울나기를 위해 남겨놓을 게다. 그때쯤 이 길을 지나는 나그네는 잿빛 겨울 하늘의 감나무 가지 위에 걸린 빠알간 감을 보고 '까치밥'이라며 따뜻한 미소를 머금을 것이다.

어부림

손택수

딴은 꽃가루 날리고 꽃봉오리 터지는 날
물고기들이라고 뭍으로
꽃놀이 오지 말란 법 없겠지
남해는 나무그늘로 물고기를 낚는다
상수리나무 느티나무 팽나무 짙은 그늘 물 위에 드리우고
그물을 끌어당기듯, 바다로 휜 우듬지에 잔뜩 힘을 주면
푸조나무 이팝나무 꽃이 때맞춰 떨어져내린다
꽃냄새에 취한 물고기들 영영 정신을 차리지 못하도록
말채나무 박쥐나무 꽃도 덩달아 떨어져내린다
목木그늘로 너희들 목에 내린 그늘이라도 풀어라
남해 삼동 촘촘한 그늘 가득 퍼득대는 물고기를
잎잎이 어깨에 메고 우뚝 선 어부림
꽃향기는 수평선 너머로도 가고 심해로도 가서
낚싯바늘처럼 단숨에 아가미를 꿰뚫는다
꽃가루 날리고 꽃봉오리 터지고 청미래 댕댕이 철썩 철썩
파도소리를 흉내내며 뒤척이는 숲,
날이 저물면 남해는 나무들도 집어등을 켜 든다

맞다. 시처럼 물건리 어부림 앞 바닷가에 물고기가 모이는 건 물고기들이 꽃놀이 나온 때문이다. 이팝나무 꽃 피는 5월, 어부림 앞에서 꽃에 취해 환장한 물고기들의 아우성이 아름답다.

꽃놀이 나온 물고기들이 향기에 취할 즈음이면 어부들이 아니라, 나무들이 물고기를 낚는다. 어부들의 낚싯바늘이 아니라, 집어등集魚燈 켜든 나무들의 꽃향기가 물고기의 아가미를 꿴다. 수백 년 물고기를 낚아온 어부림 나무들의 잎새마다 어깨에 멘 물고기 떼가 화려하다. 시인의 은유가 덩달아 고맙다.

경남 남해 물건리 방조어부림에 가면 처음 이 숲을 가꾼 사람들을 떠올리게 된다. 하기야 어디에서라도 이처럼 오래된 숲이라면 그런 생각부터 들게 마련이겠지. 그때 그 사람들은 지금의 장관을 기대하지 않았을 게다. 단지 먹고살기 위해 숲을 가꾸어 물고기를 잡았을 뿐이겠다.

처음 이 숲을 찾았던 건 봄이었다. 긴 숲 곳곳에 이팝나무가 꽃을 활짝 피우던 때였다. 가로로 길게 뻗은 나무들의 행렬. 고개를 넘으며 언덕 마루에 서서 내려다보는 바닷가 어부림의 장관은 발길을 멈추게 했다. 언덕 위에서 한참을 내려다본 숲의 장관은 다른 어느 숲에서도 느낄 수 없는 감흥이었다.

그리고 다시 발길을 재우쳐 숲 가까이에 이르자, 시인이 그렇게 늘어놓았듯, 숲 안의 다양한 생태가 봄날 꽃의 향연을 벌였다. 그때에는 단연 이팝나무가 모든 나무들의 화려함을 압도했지만, 온갖 가지 나무에 맺힌 꽃봉오리와 푸르게 피어오른 잎새들의 초록빛은 끝없이 펼쳐졌다.

어부림은 그 숲 안을 걸을 수 있어서 더 좋다. 이 훌륭한 숲을 찾는 사람들의 발길이 잦아지는 통에 혹 숲이 훼손될지도 모른다는 걱정도 없는 건 아니다. 그러나 숲이 망가지면 마을이 망가진다는 전설은 이 숲을 이리 오래 지키게 한 힘이 됐다. 사람들이 많이 찾는 계절에는 마을 부녀회에서 당번을 정해 숲을 순찰하면서 나무의 훼손을 막고, 나무의 건강 상태도 일일이 돌아본다. 물고기를 어깨에 둘러멘 나뭇잎새들은 그렇게 하나도 빠짐없이 마을 사람들과 명을 같이해왔다.

그처럼 오랜 보살핌을 받고 어부림은 오늘의 한 숲이 됐다. 물고기도 안심하고 찾아와 꽃놀이를 할 따뜻하고 편안한 그런 숲인 것이다.

4백 년 넘었다는 이 장엄의 숲. 긴 시간 동안 숲은 물고기들이 꽃놀이 찾아오는 은유의 숲이 됐다. 그 숲은 지금 우리가 찾아볼 수 있는 인공조림 가운데에는 가장 아름다운 숲이다. 숲을 찾는 사람들에게는 다시 잊을 수 없는 아름다운 이미지이자 은유다. 긴 세월 동안 이토록 아름답게 가꿔준 이 작은 마을 모든 사람들이 한없이 고맙다.

황혼 일기

고정희

뉘엿뉘엿 저무는 시간에, 나는 차분하지 못하여
그 집의 너른 유리창가에 앉으면
바람부는 창밖은 딴 세상의 풍경처럼 아름다웠다
잔조롭게 흔들리는 산목련 줄기 사이로
휙 가로지르는 새도 새려니와
불그레불그레 물드는
찔레꽃 이파리를 무심히 바라다보면
울컥하고 치미는 눈물 또한 어쩌지 못했다
후르르후르르 산목련 줄기에서 흔들리는 건
산목련잎이 아니라 외줄기 내 영혼이었기
기댈 곳 그리운 우리 정신이었기
오래오래 나는 울었다

어둠이 완전히 창을 지워 버렸을 땐
넋장이 무너지듯 내 아픔도 깊어져
하염없는 슬픔으로 어깨기침을 했다
누군들 왜 모르랴
어두워지는 건 밤이 아니라
속수무책의 한 생애
무방비 상태의 우리 희망이거니

그 집의 주인은 조용히 다가와
너른 창에 커튼을 내리고
내 좁은 어깨를 따뜻이 감쌌다
(새도 날기 위해 날개를 접는 거란다. 빛과 어둠이 하나이듯 말야!)
　문득, 신경통에 좋다는 골담초 꽃멍울이
　건들건들 흔들리는 고향집이 그리웠다

• 출전 : 『이 時代의 아벨』(문학과지성사, 1983)

산이 좋아 지리산에 몸을 던진, 그이의 애절한 시처럼 '아름다운 사람 하나' 였던 시인 고정희, 그이는 산목련 줄기 사이로 흐르는 자신의 외줄기 영혼의 흔들림에 울음을 울었다. 찔레꽃 이파리를 바라다볼 땐 또 울컥 눈물이 치밀었다.

나무가 사람을 닮는지, 사람이 나무를 닮는지. 필경 나무와 사람은 오래도록 함께 살면서 서로를 닮는다. 아니어도 좋다. 나무는 그를 바라보는 사람에 따라 다른 아우라를 내보인다. 슬픔이 그득한 이에게는 어둡게, 기쁨에 겨운 이에게는 환하게 비치는 법이다.

산목련이든, 찔레든, 골담초든, 어두운 시대에 나무를 바라보는 시인의 마음은 절박했으리라. 『이 時代의 아벨』이라는 묵지근한 시집을 낸 80년대 초반이었다. 누군들 그때 이 땅의 삶이 절박하지 않았으랴.

그 절박한 이 땅의 삶 한가운데에 서서, 눈앞에 보이지 않아도 그이의 뇌리에는 언제나 그리운 고향집 풍경처럼 산목련, 찔레, 골담초 흐드러졌을 게다. 그 그리움의 실타래를 붙들어 안고 눈물을 삼켰을 그이가 그립다.

그이가 산목련이라 불렀고, 지금 우리도 흔히 산목련이라 부르는 나무는 '함박꽃나무' 라 해야 맞다. 산에서 자라는 목련과의 나무라 하여 산목련이라고 부르는 게지만, 그의 이름은 '함박꽃나

무'다. 또 그이가 불그레 물든다고 한 찔레꽃은 붉지 않다. 찔레
는 한여름에 하얗게 꽃을 피운다.

그래도 고정희의 찔레꽃은 붉다. 그리고 고정희의 산목련은 여
전히 산목련이다. 그게 그때 그이의 삶이었고, 우리의 삶이었다.

＊함박꽃나무 : 북한의 국화라고 알려진 나무로 북한에서는 '목란' 이라
고 부른다. 목련과의 나무인데, 키는 6m 정도로 자란다. 주로 산에서 자
라는 이 나무의 꽃은 5월 말쯤부터 하얗게 피어나는데, 목련과의 다른 나
무들과 달리 땅으로 고개를 숙이고 피어난다.

＊찔레꽃 : '찔레나무' 라고도 부른다. 우리나라 어디에서나 잘 자라는
장미과의 나무다. 들장미의 한 종류로 생각하면 된다. 잘 자라야 2m 정도
자라며, 덩굴 모양으로 가지를 뻗는다. 꽃은 5월부터 희거나 연분홍빛을
띤, 지름 2cm 크기로 피어난다.

＊골담초 : 2m 크기로 자라는 낮은키나무의 하나. 우리나라의 절집이
나 가정집의 정원에 흔히 심고 키운다. 꽃은 5월에 노란색에 가까운 황적
색으로 피어난다. 경북 영주 부석사에는 절을 창건한 의상대사의 지팡이
가 자라났다는 전설을 가진 오래된 골담초가 있다.

낙화 落花

조지훈

꽃이 지기로소니
바람을 탓하랴.

주렴 밖에 성긴 별이
하나 둘 스러지고

귀촉도 울음 뒤에
머언 산이 다가서다.

촛불을 꺼야 하리
꽃이 지는데

꽃 지는 그림자
뜰에 어리어

하이얀 미닫이가
우련 붉어라.

묻혀서 사는 이의
고운 마음을

아는 이 있을까
저허하노니

꽃이 지는 아침은
울고 싶어라.

　세월 탓, 바람 탓 아닌 줄 알면서도 봄이면 이런저런 탓하며 꽃 지는 걸 안타까워했다. '귀촉 귀촉' 두견새 울음소리 듣기 어려워 먼 산에 진달래 꽃 우련히 피는 걸 보고서야 봄 깊은 걸 알아챈다.
　그러나 사람의 발걸음은 나무의 걸음걸이를 따르지 못하는 법. 꽃 핀 나무 보러 발길 재우쳐 산길을 돌아 깊은 계곡의 절집 찾아들면 나무엔 겨우 한두 송이 간댕일 뿐. 나무의 화려한 빛 보러 갔다가 법당 뒤 고랑 위에 쏟아낸 낙화에 흠뻑 취하고 만다.
　계곡에 불어오는 골바람 푸지다. 아직 가지 끝에 매달린 한두 송이 꽃잎이 살그머니 바람에 날려 지상에 추락한다. 앞서 추락한 꽃잎들 사이의 빈틈 찾아 또 하나의 꽃잎이 평화로이 착지한다. 빈틈 붉게 메우니 법당 뒷담벼락도 따라서 붉어진다. 다람쥐 한 마리 바위틈으로 겁먹은 눈동자를 빼죽 내민다.
　어김없이 이른 아침마다 비질로 청소 공양 올리던 절집 스님도 빨간 카펫처럼 깔린 꽃잎은 쓸지 않는다. 법당 뒷마당에 한가로이 누워 있는 싸리비가 뒷모습 드러내며 달아나는 다람쥐의 꼬리처럼 예쁘다. 꽃잎 떨어진 아침, 울고 싶을 만큼 아름다운 평화다.

치자꽃을 보며

박몽구

키 작은 치자꽃 한 송이 기특하게 피어
백 리까지도 갈 듯 곤혹한 향기를 보내
서울의 벽들 사이에 널린 사막을
가득 채우는 걸 보며
연탄장수의 검은 얼굴에도
난전에서 과일을 파는 이의 굽은 허리에도
약손처럼 앉는 걸 보며
내게는 문득 서울의 사막 훌훌 털고
남쪽 포구 한구석에 박혀
일자소식 없는 네 목소리가 곁엔 듯 들려왔다
어찌나 덩치가 큰지
형제들이 만든 배는 장생포 앞바다를 다 가려버리지만
망치를 든 이들에게 나눠지는 건
고양이 눈물만큼도 안된다고
바른말 하다가 일터를 잃은 이들에게는 밥이 되어주고
집 없는 이들에게는 찬 이슬 걷어 이불자락이 되어주고
들리는 소문으로는 다 퍼주느라
삼십줄이 이슥하도록 아직 홀로 지낸다는 네 체온이
천리를 넘어 털실같이 느껴졌다
치자꽃 향기에 실려 네 넉넉한 손이

우리들의 상처를 골고루 아물게 하는 게 보였다

내 집 발코니에는 치자나무가 산다. 아내가 어디에선가 얻어와 애지중지 기르는 가냘픈 나무다. 그 작은 나무에서 피어나는 곤혹한 향기는 발코니에 갇힌다.

꽃 피우기 전, 화분을 살피는 아내의 손길은 자못 조심스럽다. 가만가만 나무를 돌보는 손길이 음전하다. 아내의 손길을 닮아 음전하게 자라던 한 그루 작은 치자나무는 꽃까지 아늑하다. 이때만큼은 아내가 호들갑스러워진다. 아내의 호들갑에 이끌려 발코니 문을 열어젖히면 어느 틈엔가 박몽구 시인에게처럼 내게도 그의 곤혹한 향기가 참 기특하다.

화분의 치자나무는 벌써 꽃잎 떨구고 음전하게 겨울을 지나는데, 아내는 지금 서울의 사막을 훌훌 털고 이틀째 여행 중이다. 남쪽 나라 어디에선가 그이의 손길을 타고 자라던 치자나무 향기라도 탐색하는가.

* 치자나무 : 향기가 좋아 관상수로 심어 가꾸는 나무다. 중국이 고향이고, 2m 정도의 작은 크기로 자란다. 6월부터 7월까지 꽃이 피는데, 처음에는 흰색이지만, 시간이 지나면서 노란 기운이 배어 나온다. 가지 끝에 한 송이씩 지름 5cm 크기로 피어난다. 열매를 치자라 부르며, 한방에서는 약재로 쓰고, 민간에서는 천연 염색 재료로 쓰기도 한다.

감나무

고진하

우리 집 뜰의 감나무,
저 나무는 온종일 햇빛 목걸이를 걸치고 있네.
밤이 되면 그 목걸이 미련 없이 벗어주고
잎새마다 달빛 팔찌를 걸치고 있다네.
비 오는 날이면 빗방울 보석,
함박눈 내리는 날이면 함박꽃 장식이 그럴 듯하지만

우리 집 뜰의 감나무,
제 몸에서 피워낸 진초록 잎새와 흰 꽃과
열매만으로도 만족의 예술가라네.
가을이 깊어져 잎새들 다 떨어지고
까치밥 몇 개만 매달려 있어도
그 환한 빛
인간이 켜둔 어떤 등불보다 밝네.

우리 집 뜰의 감나무,
오늘 나는 그 환한 빛의 사원寺院에 까치밥으로
대롱대롱 매달리고 싶네.
나를 통째로 내어주고도 넉넉한
만족의 예술가이고 싶네.

누가 나에게 묻는다. "다시 태어나 나무가 된다면, 어떤 나무로 나고 싶어요?" 조금 머뭇거리긴 하지만, 나는 어김없이 "감나무요"라고 대답한다.

그래, 감나무가 되고 싶다. 도시가 아니라면 어느 곳에서나 흔하디흔하게 볼 수 있는 나무가 감나무다. 집집마다 뒤란에 한 그루쯤은 심어둔 나무. 울도 담도 없는 시골집 뒷마당에서 하늘 향해 삐쭉이 솟아오른 나무. 너무 높이 솟거나 지나치게 넓게 퍼지지 않아, 사람을 압도하지 않는 아주 편안한 나무.

하지만 흔하고 편한 탓일까. 감나무는 있어도 있는 줄을 잘 모른다. 그저 감 열릴 즈음이나 되어야 맛난 감을 따려고 동네 조무래기들이 웅기중기 매달리는 게 전부일 뿐이다.

평소라면 존재감조차 느끼기 힘든 그 나무의 진정한 존재감은 그러나 나무가 없어진 뒤에 절실히 느껴진다. 썩어 병들었거나, 장독대를 넓히기 위해 베어내거나……, 이런저런 이유로 나무가 없어졌을 때다. 얄궂게도 너무 늦게 다가오는 존재감이다. 여느 집이나 한 그루씩 있는 나무가 우리 집에 없다는 허전함은 감나무의 빈자리를 절실히 느끼게 한다.

몇 날 며칠 동안 아무 이야기하지 않고도 편안할 수 있는 사람이 진정으로 사랑하는 사람이다. 옆에 있지만, 침묵이 불편하지 않고, 그저 함께 있는 것만으로, 혹은 바라볼 수만 있어도 행복한 그런 사람 말이다. 그런 사랑하는 사람이 곁을 떠났을 때, 그때 그의 빈자리는 견디기 힘들 만큼 커다랗게 느껴진다. 감나무가 그렇다.

사는 동안, 감나무처럼 누구에게라도 부담을 주는 사람이 아니었으면 좋겠다. 그저 있으면 있는 대로, 없으면 없는 대로 편안할 수 있는 사람이면 좋겠다. 그러나 그대로 잊히지만은 않았으면 정말 더 좋겠다.

감나무 없는 시골 마을, 빨갛게 익은 까치밥 한 알 대롱대롱 매달린 감나무 한 그루 없는 시골 마을을 생각하기 어렵듯, 내 빈자리가 누구에게라도 느껴지는 의미 있는 사람으로 남는다면 바랄 게 없겠다.

* 감나무 : 경기도 이남에서 심고 가꾸는 나무로, 잘 자라면 20m가 넘게 자란다. 나무줄기의 껍질은 검고 잘게 갈라지는 특징을 가졌다. 5~6월에 노란색으로 꽃을 피우고, 10월에 빨갛게 익은 감을 맺는다. 목재는 귀한 가구재로도 쓰인다.

고로쇠나무

마경덕

백운산에서 만난 고목 한 그루. 밑둥에 큼직한 물통 하나 차고 있었다. 물통을 반쯤 채우다 말고 물관 깊숙이 박힌 플라스틱 관을 내려다보고 있었다. 누군가 둥치에 구멍을 뚫고 수액을 받던 자리. 시름시름 잎이 지고. 발치의 어린 순들, 마른 잎을 끌어다 푸른 발등을 덮고 있었다.

주렁주렁 링거를 달고 변기에 앉은 어머니. 기저귀를 갈아주는 자식놈에게 부끄러워 얼른 무릎을 붙이는 어머니. 옆구리에 두 개의 플라스틱 주머니와 큼직한 비닐 오줌보를 매단 어머니. 호스를 통해 세 개의 주머니에 채워지는 어머니의 붉은 육즙肉汁. 오십 년 간 수액을 건네준 저 고로쇠나무.

　백 보 천 보를 양보한다 해도 나는 고로쇠나무에서 물을 빼먹는 일이 싫다. 말끝마다 '과학'을 이야기하고, 생각마다 '합리'를 들먹이는 이 시대에 온갖 것을 다 먹는 사람이 오로지 햇빛과 물을 양식으로 사는 나무의 물을 빼앗아 먹는 걸 어떻게 이해해야 할까.
　물론 단풍나무과에 속하는 고로쇠나무는 물이 많은 나무다. 단풍나무과의 나무들이 모두 그렇다. 특히 이른 봄이면, 땅에서 빨아올리는 수액이 줄기 껍질의 가는 틈으로 흘러넘치기도 한다. 사람들이 일부러 나무줄기에 상처를 내고 물을 빼낸다 해도 그의 생명에 장애가 될 만큼 치명적이지 않다.
　하지만 이 물은 고로쇠나무의 유일한 식량이다. 하늘이 나무에게 내린 엄연한 양식이다. 꼼짝 않고 추운 겨울을 보내느라 허기진 나무는 걷잡을 수 없는 생의 본능으로 땅속의 물을 게걸스레 끌어올린다. 탈진을 모면하기 위해 한시가 급했던 나무는 물을 빨아올리지만 조금씩 흘리기도 한다. 그러나 그가 스스로 흘리는 물이 아니라면 그에게 꼭 필요한 물이다. 그걸 사람들이 빨아내는 것이다. 사람은 다른 나무에 붙어서 자라는 기생식물 '겨우살이'와 다를 게 없다.
　올해도 봄 산을 찾으면 어김없이 고로쇠나무의 미끈한 줄기를 날카롭게 베어낸 칼자국 톱자국을 보지 않을 수 없으리라. 아프고, 슬프다.

* 고로쇠나무 : 이른 봄에 줄기 표면을 흐르는 수액이 사람의 뼈에 좋다는 뜻에서 골리수骨利樹라 부르던 것이 고로쇠로 이름 붙은 나무다. 주로 숲에서 자라는데, 20m까지 큰다. 나무줄기는 회색을 띠고, 넓은 잎은 끝에서 다섯 갈래로 갈라지지만, 단풍나무와 달리 갈라진 깊이가 얕다. 단풍나무과의 나무이지만, 얼핏 보아서는 단풍나무와 달라서 헷갈린다. 그러나 가을에 맺히는 열매는 영락없이 다른 단풍나무과의 열매처럼 한 쌍의 날개를 단 나방 모습을 했다.

사랑은 어떻게 오는가?

이원규

자욱한 먼지를 일으키며
산모퉁이 돌아오는 시골 막버스처럼
오기 전엔 도대체 알 수 없는 전화벨처럼 오는가

마침내 사랑은
청천하늘의 마른번개로 온다
와서 다짜고짜 마음의 방전을 일으킨다

들녘 한복판에
벼락 맞은 채 서 있는 느티나무
시커멓게 팔다리 잘린 수령 오백년의 그는
이제서야 사랑을 아는 것이다

사랑과 혁명 그 모든 것은
비로소 끝장이 나면서 온다
제 얼굴마저 스스로 뭉개버릴 때
와서 이제 겨우 시작인 것이다

　벼락 맞아 몸통 찢겨 죽은, 오래된 느티나무 그가 이제야 사랑을 알게 됐다는 시인의 성찰이다. 벼락 맞은 건 언제쯤이었을까. 마을 골목을 가득 채울 듯 그늘을 드리웠던 오백 년 된 느티나무가 시커멓게 팔다리 잘린 채 짓뭉개진 얼굴로 남았다. 긴 삶보다 찰나가 빚어낸 죽음이 더 그악스럽다. 죽은 나무가 사랑을 시작했다. 짙은 어둠 속에서 빚어낼 그의 사랑이 안쓰럽지만 융융하다. 오백 년을 살아낸 나무가 다시 시작한 사랑의 삶은 어떤 모습일까. 삶을 버림으로써 시작한 그의 사랑에 무한한 동정과 용기를 보낸다.
　지리산 자락의 구례 봉서리 마을, 시골 버스가 하루 두어 번 멈춰서는 정류장이 있다. 앞에는 허름한 점방이 있고, 그 맞은편 집 안마당에는 커다란 감나무 한 그루가 지붕을 덮었다. 열매가 부실하다는 까닭으로 벌써 전부터 천덕꾸러기 신세인 나무다. 사랑할 줄 모르는 나무라는 거다. 감나무 집 찾아가는 길모퉁이에 서 있는 죽은 느티나무. 살아서도 큰 사랑 이룬 적 없는 감나무가, 죽어서 사랑을 시작한 느티나무를 하냥 바라본다. 사춘기 아이들처럼 풋풋한 사랑을 시작한 고사목이다.
　겨우 시작뿐인 벼락 맞은 큰 나무의 사랑이 오래 계속되게 하는 건, 사람의 몫이다. 지리산으로 달려가 그가 피워낸 사랑을 읽어야겠다. 삶을 버림으로써 시작할 수 있는, 느티나무 고사목 같은 사랑, 나는 그런 사랑, 한 적 있었나.

멸입滅入

정한모

한 개 돌 속에
하루가 소리없이 저물어 가듯이
그렇게 옮기어 가는
정연整然한 움직임 속에서

소조蕭條한 시야視野에 들어오는
미류나무의 나상裸像
모여드는 원경遠景을 흔들어 줄
바람도 없이

이루어 온 밝은 빛깔과 보람과
모두 다 가라앉은 줄기를 더듬어 올라가면

끝 가지 아슬히 사라져
하늘이 된다

    마음의 강단이 모자란 탓인지, 늘 혼자인 여행길이지만, 외로움에 사무치는 여행길이 있다.
    아마 동해시 두타산 삼화사를 찾아드는 길이었을 게다. 가로등조차 없는 어두운 비포장 산길을 돌아들면서 나는 몸피보다 무거이 눌러오는 삶의 무게가 서글퍼 민박집 방구석에 처박혀 밤새 쓴 소주를 들이부었다. 홀로 처박힌 방구석에 나처럼 말없이 스며든 흑빛 어둠도 외로웠다.
    작취미성昨醉未醒의 이른 아침, 계곡을 거슬러 절집을 찾아 오르는 길이라고 외롭지 않을 수 없었다. 오가는 길에 지나는 사람도 없었다. 가도 가도 혼자 가는 길. 큰 물 지나고 한껏 맑은 물 넘쳐흐르는 계곡을 돌아 나오는 길에서 눈앞을 화들짝 가로막아 선 건 미루나무였다.
    바람 한 점 없는 늦여름 시골 길, 소조한 시야를 사로잡은 미루나무는 오랫동안 잊지 못할 게다. 줄지어 선 미루나무가 코발트빛 하늘로 아스라이 멀어져가며, 이 세상 삶의 무게를 버티어온 푸른 몸으로 내 여린 외로움을 가만히 보듬어 안아주었다.

    * 미루나무 : 미국에서 들어온 버드나무여서 '미류美柳' 라 부르다 미루나무가 됐다. 흔히 시골 길에서 가지가 위로 뻗어 거꾸로 꽂아놓은 빗자루처럼 생긴 것을 미루나무라 부르는데, 이는 대개 '양버들' 을 잘못 부른

것이다. 앞의 사진은 양버들이라 해야 맞다. 이 나무는 일제 침략기에 일본인들이 신작로를 내면서 지금 우리가 플라타너스를 심듯 가로수로 많이 심었는데, 공해에 약해 도시에서는 자라기 힘들다.

나 홀로 상수리나무를 바라볼 때

박이도

실수처럼 내 손에서 떨어진
꽃 한 송이
강물에 떠내려간다

낮달처럼 내 품속에서 떠나간
사랑의 체온,
흐르는 강물에 부서지는 햇살처럼
숨을 죽인다

이제 내 마음속에선
아프게 아프게 되살아나는
지난날의 그림

모든 이웃을 등지고
마을을 떠나는 이 죄인의 그림자를
지신밟듯 짓밟고 가는
소 한 마리

성황당 비탈의 상수리나무에서
일제히 뜨는 새들이 부럽다

젖무덤 같은, 멀리 보이는
산등성이 너머
불타는 노을이 그립다
이 적막함이 두렵다

　돌아가신 외할머니 댁 뒷동산에는 상수리나무가 있었다. 천지였다. 하기야 이 나라 어느 곳에든 상수리나무는 많이 있다. 그 뒷동산에는 무덤이 여럿 널려 있었다. 그 무덤가에서 놀던 어린 시절, 내게는 상수리나무가 가장 가까운 동무였다.
　네 살쯤이었을까. 평평한 바닥에 주저앉기가 힘들 만큼 엉덩이가 땀띠로 짓무른 적이 있었다. 외할머니는 무덤가 상수리나무 곁에서 상수리나무 잎사귀를 모아 내가 앉을 자리를 만들어 앉히려 했다. 그건 누가 봐도 잘못된 일이었겠다. 상수리나무 잎 가장자리의 작은 가시들이 오히려 짓무른 상처들을 쿡쿡 건드려 더 따갑게 할 것이 뻔한 노릇이었지만, 할머니로서는 요령부득이었다. 아마 그때 나는 외할머니께 심하게 앙탈을 했을 게다.
　의원 하나 없는 산골이어서 어쩌지 못하던 외할머니는 내 손을 이끌고 십 리 고갯길을 걸어 읍내 한의원까지 갔다. 한나절이 걸린 듯하다. 어린 나 때문이었는지, 늙은 할머니 때문이었는지 고갯길에서 여러 번 다리쉼을 해서다. 힘이 들어서였겠지만, 네 살짜리 어린아이의 피로는 기억나지 않는다. 그러나 그 어린 시절 여름의 길섶에 피어난 꽃들과 무성한 숲을 나는 지금 이상하리만큼 또렷이 기억한다.
　짓무른 엉덩이는 그렇게 저렇게 나았을 테고, 외할머니는 철이 들 무렵 돌아가셨다. 그리고 나도 내 또래의 다른 사람들처럼 외할머니와의 아름답던 그 시절을 잊어버릴 만큼 여유롭지 않은 도시 생활을 했다.

거의 이십 년 만에 그 고갯길을 다시 찾았다. 여전히 인적 드문 산골이긴 했지만, 내가 또렷이 기억하는 그 길은 아스팔트길로 바뀌었다. 상수리나무 잎을 바닥에 깔아준 할머니께 소리소리 지르며 앙탈을 했던 그곳, 상수리나무 동산은 여전했다. 그 동산 맞은편 외할머니의 산소에 내리쬐는 겨울 햇볕이 따스했다.

* 상수리나무 : 산기슭이나 마을 근처에서 잘 자라는 참나무과의 나무로 도토리를 맺는 나무라서 흔히 '도토리나무'로 부르기도 한다. 잘 자라면 30m까지 자란다. 봄에 꽃이 피고 나면 열매는 다음 해 가을에 익는다. 임진왜란 때, 피난 중이던 선조의 수라상에 이 나무의 열매로 묵을 쑤어 올렸다 해서 처음에 '상수라'라는 이름이 붙었다가 나중에 '상수리나무'가 됐다고 한다.

버드나무 한 그루

이홍섭

마을 어귀에 서 있는 버드나무 한 그루
수도승처럼 긴 머리칼과
하염없는 그림자

마을에 들어서는 사람들은
누구나 버드나무 밑을 지나가야 한다
그러나 사람들은
온몸에 묻은 버드나무 그림자를
금세 잊어버린다

저물녘, 노을진 하늘을 배경으로 서 있는
버드나무 한 그루
사람들은 알 수 없는 힘으로
그 밑을 지나왔던 기억을 되살린다
마치 버드나무 아래에서
사진이라도 찍어놓았다는 듯

밝음과 어둠 사이
알 수 없는 신비한 힘이
버드나무 한 그루를 거기에 있게 한다

사람의 온몸을 물들이는 게 어디 버드나무 그림자뿐이랴. 붉은 단풍 짙게 물든 가을 산을 한참 거닐다 보니, 내 눈도 빨간빛으로 물들었다. 눈만 빨개진 줄 알았더니, 저녁놀 등지고 선 내 얼굴까지 발그레하다.

마을 어귀에 긴 머리카락 늘어뜨린 수도승처럼 오두마니 서 있는 버드나무는 마을을 들고나는 모든 사람이 스쳐 지나겠지. 그들은 그러나 방금 전에 스쳐 지난 버드나무를 금세 잊을 게다. 나무보다 더 다정한 사람들의 마을에서 나무를 기억하는 건 쉽지 않은 일이다.

사람들을 아늑히 마을 안에 품어 안고 나무는 홀로 저녁을 맞는다. 마을의 하루를 평화로이 지켜낸 동구 밖 버드나무는 붉은 놀 바라보며 안도한다. 어쩌면 그새 대처大處로 떠난 사람들도 있겠지. 돌아볼 겨를 없이 빠르게 흐르는 대처에서 그들은 나무를, 혹은 고향 마을을 떠올리지 않는다. 겨를이 없을 게다. 대처는 대처니까.

그러다 삶의 무게가 버거워질 무렵이면, 불현듯 떠나온 고향 마을이 기억날 것이다. 왜 고향은 세상에 부대껴 삶이 힘겨울 때에만 떠오르는 건가. 그때에는 무엇보다 먼저 마을 어귀에 서 있던 버드나무 한 그루, 사람보다 먼저 떠오를 게다. '돌아가고 싶다'는 외마디는 왜 마법처럼 저절로 흘러나오는가.

* 버드나무 : 버들이라고도 부르는 나무다. 습기가 많은 개울가나 들에서 잘 자란다. 20m까지 자라며, 4월께 길이 2cm 미만의 길쭉한 모양으로 꽃을 피운다. 이 꽃을 버들강아지라 한다. 휘늘어진 가지가 아름다워 가로수나 풍치목風致木으로 많이 심는다. 나무껍질에서는 아스피린의 원료를 추출한다. 우리나라를 비롯해 중국과 일본에서 자란다.

적막이라는 이름의 절

조용미

　적막이라는 이름의 절에 닿으려면 간조의 뻘에 폐선처럼 얹혀 있는 목선들과 살 속까지 내리꽂히며 몸을 쿡쿡 찌르는 법성포의 햇살을 뚫고 봄눈이 눈앞을 가로막으며 휘몰아치는 저수지 근처를 돌아야 한다 무엇보다 오랜 기다림과 설렘이 필요하다

　적막이라는 이름의 나무도 있다 시월 지나 꽃이 피고 이듬해 시월에야 붉은 열매가 익는 참식나무의 북방 한계선, 내게 한 번도 꽃을 보여준 적 없는 잎이 뾰족한 이 나무는 적막의 힘으로 한 해 동안 열매를 만들어낸다

　적막은 단청을 먹고 자랐다 뼈만 남은 대웅전 어칸의 꽃문을 오래 들여다보지 않더라도 이내 적막이 몸 뚫고 숨 막으며 들어서는 것을 알 수 있다 적막은 참식나무보다 저수지보다 더 오래된 이곳의 주인이다

　햇살은 적막에 불타오르며 소슬금강저만 화인처럼 까맣게 드러나는 꽃살문 안쪽으로 나를 떠민다 이 적막을 통과하고 나면 꽃과 열매를 함께 볼 수 있으리라

 조용미 시인에게만큼 나무가 각별한 시인을 나는 아직 모른다. 어찌 그리 많은 나무들의 이름을 마음으로 아니 온몸으로 부를 수 있을까. 이름 판까지 버젓이 달고도 말없이 시치미를 떼던 나무조차도 조용미 시인에게 부름받으면 그 이름에 알맞춤하게 자신을 드러낸다. 신비로운 일이다.
 사물에 이름을 지어주고, 불러주는 게 시인의 역할이라 했던가. 그러면 조용미 시인은 오늘 우리 곁에서 나무와 사람을 이어주는 영매靈媒가 되겠지. 나무와 숨결을 나누는 것은 그이에게 하루도 벗어나지 못하는 생의 고통이리라.
 영광 법성포 돌아들면 불갑사 가는 길이다. 그 길에는 '적막'이라는 이름의 절도 없고, 더더구나 '적막'이라는 이름의 나무도 없다.
 그 길에서 시인의 부름을 오래 기다리던 적막이라는 이름의 나무는 참식나무다. 어김없이 시인의 숨결이 벅차다. 그 나무 안에 휘감아 도는 적막을 자신의 숨결로 들이마시기 위해 그는 먼저 고요의 절집, '불갑사'의 이름을 바꿔 불렀다. '적막'이라는 이름의 절로. 그러자 참식나무는 하릴없이 시인 앞에서 '적막'이라는 이름으로 바뀌어 나섰다. 어쩌면 그리 꼭 맞는 이름을 찾아냈을까.
 금산 행정 은행나무를 조용미 시인과 함께 찾은 적이 있다. 나무에 가까워지자, 그이는 나보다 먼저 '가슴이 뛴다'고 했다. 오래된 큰 나무를 찾을라치면 그렇단다. 수다하거나 감정을 과잉 노출하는 사람도 아닌 그이의 설렘이 느껴졌다.

　나무 앞에 주저앉아 이야기를 나눴다. 그이가 조분조분 이야기했다. 나무가 보고 싶어 산을 찾았다가 몸이 아파 산을 오르지 못하고 법당 요사에 홀로 남아 누울 때가 자주 있단다. 운명처럼 그이를 짓누르는 통증을 붙들어 안고 자리에 누우면 오로지 귀만 쫑긋해진단다. 그때 들려오는 바람소리. 그중의 어떤 소리는 소나무 숲을 스쳐 지나온 바람이고, 또 어떤 바람은 굴참나무 가지를 돌아 나온 바람이라는 걸 구별할 수 있었다고 한다. 의아해하는 눈길을 보내는 속인俗人에게 시인은 '간절하면 들려요'라고 짤막하면서도 속 깊은 답을 던졌다.

　그렇게 간절하게 영광 불갑사의 참식나무를 바라본 그는 마침내 나무에 '적막'이라는 이름을 붙였다. 나도 이제 그 참식나무를 바라보면 조용미 시인이 생각난다.

　시인이 붙여준 이름을 가진 나무는 행복하다. 그대가 그대만의 이름으로 불러주는 그대의 그대가 그러하듯.

* 참식나무 : 따뜻한 남쪽 바닷가에서 자라는 늘푸른넓은잎나무다. 키는 10m 넘게 자란다. 새로 나는 잎은 마치 시든 잎처럼 갈색을 띤 채 아래

로 늘어져서 돋는데, 그 모양이 독특해 눈길을 끈다. 가을에 연노란색의 꽃이 핀다. 암꽃과 수꽃이 제가끔 다른 나무에서 피고, 붉은빛의 동그란 열매는 이듬해 가을에 붉게 익는다. 해안가에 방풍림으로 적당한 나무다.

미루나무

박재삼

미루나무에
강물처럼 감기는
햇빛과 바람
돌면서 빛나면서
이슬방울 튕기면서
은방울 굴리면서.

사랑이여 어쩔래,
그대 대하는 내 눈이
눈물 괴면서 혼이 나가면서
아, 머리 풀면서, 저승 가면서.

미루나무 같은 여자가 있다. 꼬장꼬장해 보여 언제나 곧추 서 있는 듯한 여자. 그러나 생김새와는 달리 조금은 바보 같은 웃음과 어리숙한 표정이 정겨운 여자. 시들시들하기도 하고, 때로는 멍청한 웃음으로 사람들을 편안하게도 한다. 그래서 그이는 더 미루나무를 닮았다.

그이가 미루나무를 닮은 건, 아마 퍼내도 마르지 않는 깊은 사랑의 샘을 간직한 때문이다. 그이가 마침 내게 "나는 무슨 나무 같아요?"라고 물었다. "햇빛과 바람 강물처럼 감기는 미루나무 같다"고 말했으면 바보처럼 더 좋아했을 텐데, 그냥 "미루나무"라고만 말했다.

소태나무

고영민

그녀와 나 사이에는
커다란 소태나무 한 그루가 있다

수숫빛 그늘을 치는 소태나무에게 갈 때면
그늘 밖 내가 소태나무까지 가는 길이 너무 멀어
가는 동안 내내
속이 훤히 내다뵌다

소태나무 속은 쉬 어둡고
먼저 온 그녀는 온종일 쓴 입맛을 다신다
눈 먼 새들이 계절 밖에 나가
눈먼 알을 낳고 눈먼 새끼를 데려오는 동안
소태나무 밑에는 그녀와 나의
초조한 발자국이 여럿

소태나무 아래 돌벤치로 잎새가 지고
가랑이를 오므린 그녀와 내가 나란히 앉아
소태나무의 그 입맛으로
피고 진 꽃도 없이
그녀와 나의 입맞춤도 쓰고,

온기溫氣도, 포옹도 쓸 터이니

무엇일까
오늘도 그림자를 드리우는 너의 말은
먼데서 어줍고

그녀와 나 사이에는
커다란 소태나무 한그루

　불행하게도 나는 '소태처럼 쓴' 맛을 안다. 잎사귀를 따 한입 짓씹으며 느껴야 했던 쓴맛. 찬물로 헹궈내고 또 헹궈내도 어둠처럼 쓴 소태나무 잎의 흔적은 사라지지 않았다. 어머니 아버지가 모두 일터에 나가고, 늘 동무해주던 누나마저 초등학교에 들어간 때, 홀로 남아 집 앞 골목길 흙바닥에 엽전으로 구멍을 파며 놀던 어린 시절이었다. 아이에게 오래도록 씻어지지 않던 '소태나무의 쓴맛'은 고문이었다.

　나이 들어 가지 끝에 손이 닿지 않는 우람한 크기의 소태나무를 만났다. 어린 시절을 추억할 엄두는 어림없다. 경북 안동 송사동 소태나무다. 쓴맛 때문이었을까. 개구쟁이 아이들의 손길을 피해 나무는 오랜 세월을 잘 버텨 살았다. 당산나무이기도 했으니 이 나무의 잎을 따 쓴맛을 보기는 쉽지 않았을 게다.

　나무는 처음으로 쓴맛의 정수를 알았던 내 어린 시절의 그때처럼 어린아이들의 보금자리인 초등학교 뒤란에 있다. 굵은 줄기로 비스듬히 서서, 아이들을 굽어 살피는 소태나무. 곁에는 옛 당산나무 시절의 영화를 쓸쓸히 지키는 당집이 그대로이고, 옆으로 아이들의 자연학습장이 이어졌다.

　소태처럼 쓴맛을 아는 듯 모르는 듯, 무심히 아이들이 오간다. 이 학교의 어느 짓궂은 선생님은 아이들에게 재미삼아 이 나뭇잎의 쓴맛을 알려주기도 하겠지.

고문처럼 기억하는 그 쓴맛의 소태나무가 시인과 그녀의 사이에 놓였다. 왜 하필이면 소태나무일까. 무슨 사연일까. 첫사랑의 달콤한 입맞춤을 소태나무 잎의 쓴맛으로 기억해야 하다니. 잔혹하다.

* 소태나무 : 잘 자라면 12m까지 자라는 나무이며, 나무줄기의 껍질은 적갈색을 띤다. 초여름에 황록색으로 꽃을 피운다. 잎이나 줄기 껍질에는 콰시아quassia라는 성분이 있어서 매우 쓰다. 한번 씹으면, 물로 헹궈내도 그 맛이 제대로 가시지 않는다. 소화불량이나 식욕부진 등일 때 위를 보호하는 용도로 많이 쓴다.

꽃의 이유理由

마종기

꽃이 피는 이유를
전에는 몰랐다.
꽃이 필 적마다 꽃나무 전체가
작게 떠는 것도 몰랐다.

사랑해본 적이 있는가,
누가 물어보면 어쩔까.

꽃이 지는 이유도
전에는 몰랐다.
꽃이 질 적마다 나무 주위에는
잠에서 깨어나는
물 젖은 바람 소리.

꽃이 필 적마다 꽃나무 전체가 작게 떠는 걸 볼 수 있는 시인은 행복한 사람이다. 꽃이 질 때 나무 주위에 깃든 생명들이 잠에서 깨어나는 소리도 시인은 듣는다. 행복한 까닭이다. 그는 다른 시 「상처」에서 '산다는 것'은 '바람'이라고 했다. 바람에 가녀린 몸을 살며시 떠는 꽃은 떨어지며 바람 소리를 일깨운다. '산다는 것'이 그런 것이겠지.

세상의 모든 꽃은 제 새끼에게 자신의 유전자를 물려주려는 본능의 발현이다. 식물의 신성한 사랑이고 아름다운 정사情事다. 그 영험한 일에 몸을 떨지 않을 수 있겠는가.

꽃을 피우며 나무가 몸을 떠는 순간을 아직 나는 보지 못했다. 그래도 작게 떤다는 시인의 말은 잘 알겠다. 잠 깨어 바깥에 부는 바람 맞으며 나도 한번 사랑하러 나가야겠다.

내게는 느티나무가 있다 1

권혁웅

느티, 하고 부르면 내 안에 그늘을 드리우는 게 있다
느릿느릿 얼룩이 진다 눈물을 훔치듯
가지는 지상을 슬슬 쓸어담고 있다
이런 건 아니었다, 느티가 흔드는 건 가지일 뿐
제 둥치는 한번도 흔들린 적이 없다
느티는 넓은 잎과 주름 많은 껍질을 가졌다
초근목피草根木皮를 발음하면
내 안의 어린것이 칭얼대며 걸어온다
바닥이 닿지 않는 쌀통이나
부엌 한쪽 벽에 쌓아둔 연탄처럼
느티의 안쪽은 어둡다 하지만
이런 것도 아니다, 느티는 밥을 먹지도 않고
온기를 쐬지도 않는다
할머니는 한번도 동네 노인들과 어울리지 않으셨다
그저 현관 앞에 나와 담배를 태우며
하루 종일 앉아 있을 뿐이었다
이런 얘기도 아니다, 느티는 정자나무지만
할머니처럼 집안에 들어와 있지는 않으며
우리 집 가계家系는 계통수보다 복잡하다
느티 잎들은 지금도 고개를 젓는다

바람 부는 대로, 좌우로, 들썩이며,
부정의 힘으로 나는 왔다 나는 아니다 나는 안이다
여기에 느티나무 잎 넓은 그늘이 그득하다

느티나무, 이름만 불러봐도 흐뭇하다. 편안해지고 넉넉해진다. 그래선가, 느티나무는 편안한 시골 마을 어귀 어디에나 한두 그루씩 있다. 그 나무를 사람들은 아예 '정자나무'라 부른다.

늘 늙은 티를 내는 나무여서 '느티'라고 부른다고도 한다. 조금만 나이를 먹으면 느티나무의 줄기 표면은 어김없이 너덜너덜하게 표피를 드러낸다. 참 늙어 보이기도 한다.

시인의 말처럼 느티나무 안쪽은 그늘이다. 오죽하면 옛사람들은 한여름 낮에 갓난아이를 재우려면 느티나무 그늘에 들라고 했겠는가. 그늘이 깊어 서늘하고, 바람도 잘 통하는 탓에 느티나무 그늘에는 모기가 없다는 것이다. 오가는 곳 가리지 않는 개미조차 느티나무 그늘은 싫어한다고 한다.

말없이 하루 종일 담배만 태우며 현관 앞에 앉아 있는 할머니는 느티나무를 닮았다. 아무 말 없이 누구라도 받아들이는 느티나무. 반기지도 않지만, 그렇다고 내치지도 않는다. 그저 오면 오는 대로, 가면 가는 대로 내버려둔다. 현관 앞 할머니도 그럴 게다.

꼼꼼히 따져보면 느티나무 잎은 다른 넓은잎나무들에 비해 넓은 게 아니다. 길쭉하다고 해야 맞다. 하지만 그가 만들어내는 그늘의 품을 생각하면, 잎이든 가지든 그가 가진 모든 것은 너른 품이라 생각하게 된다.

오래 사는 나무여서 느티나무는 더 좋다. 신성하기도 하다. 우리나라의 노거수老巨樹 가운데 가장 많은 개체수를 가진 게 바로 느티나무다. 천연기념물은 물론이고, 산림청의 보호수 가운데에도 느티나무만큼 많은 나무는 없다. 산림청 보호수만 오천 그루가 훨씬 넘으니.

느티. 친구처럼 할머니처럼 오래도록 우리 곁에 아무 말 없이, 그러나 늘 편안하게 해주는 그런 나무다.

* 느티나무 : 오랫동안 큰 나무로 잘 자라는 나무다. 우리나라에는 1천 년을 넘게 살아온 느티나무가 무려 19그루나 있다. 우리나라의 어느 지역에서나 잘 자라지만, 공해에 약해 도시에서는 자라기 힘들다. 느티나무의 꽃은 5월께 새로 난 가지 아래쪽에서 황록색으로 조그맣게 피어나기 때문에 보기가 쉽지 않다. 느티나무의 갈색 줄기는 비늘처럼 껍질이 조각조각 떨어지는 특징이 있다.

물푸레나무에게 쓰는 편지

이상국

너의 이파리는 푸르다
피가 푸르기 때문이다
작년에 그랬던 것처럼
잎 뒤에 숨어 꽃은 오월에 피고
가지들은 올해도 바람에 흔들린다
같은 별의 물을 마시며
같은 햇빛 아래 사는데
네 몸은 푸르고
상처를 내고 바라보면
나는 온몸이 꽃이다
오월이 오고 또 오면
언젠가 우리가 서로
몸을 바꿀 날이 있겠지
그게 즐거워서
너에게 편지를 쓴다

나에게도 편지를 쓰고 싶은 물푸레나무가 한 그루 있다. 경기도 화성 서신면 전곡리 동산에 서 있는 늙은 물푸레나무다.

한 종류의 나무를 직수굿이 찾아다니는 게 내게 그리 특별한 일은 아니다. 우리나라에 살아 있는 감나무만 찾아다닌 적도 있고, 때로는 매화만 찾아본 적도 있다. 그중에 물푸레나무를 찾아다닌 때가 있다. 우리네 살림살이와 매우 친밀한 나무인데도 오래된 나무가 별로 없다는 게 시작이었다.

천연기념물 제286호인 경기도 파주 적성면의 물푸레나무를 찾아본 데에서 그 탐색이 시작됐다. 나무는 백오십 살 됐다. 키는 14m가 채 안 된다. 우리나라의 대표 물푸레나무라고 돼 있었다. 하지만 그럴 리 없다. 더 크고 더 오래된 물푸레나무가 어디엔가 있으리라 생각하고 찾아다니기 시작했다.

어렵사리 화성 전곡리에서 물푸레나무 한 그루를 찾았다. 키 20m 가슴둘레 4m이니, 그 동안 우리나라의 대표 물푸레나무로 여겨지던 파주 물푸레나무보다 훨씬 크다. 나이도 그렇다. 파주 나무가 백오십 살인데, 화성의 이 나무는 삼백오십 살이나 되는 오래된 나무다. 이 나무야말로 우리나라의 물푸레나무 가운데 가장 큰 나무라 해도 틀리지 않는다.

나무줄기 아랫부분에 굵은 가지 하나가 잘려나갔지만, 남은 가지만으로도 나무의 생김새는 남다르게 우람하다. 남아 있는 가지들의 퍼짐이 왕성해 무려 30m 넘는 넓이까지 가지를 펼쳤다. 전체적으로 건강할 뿐 아니라, 그 용색이 수려하다. 한국전쟁 전까지만 해도 이 나무는 마을의 당산나무였고, 사람들은 마을의 평화와 안녕을 위해 이 나무에 제사를 올렸다고 한다.

그러나 지금은 당산제를 올리기는커녕 버려둔 채로 누구도 돌보지 않는 쓸쓸한 나무가 됐다. 그럴 만도 하다. 어떤 연유에서건 나무 주위의 마을에 살면서 나무를 애지중지 보살피던 사람들이 뿔뿔이 흩어지고 나니, 그를 돌볼 사람이 없다. 나무 바로 앞에 살림집이 두엇 있지만, 그들만으로 나무를 보살피고, 당산제를 지낸다는 건 어림없다. 마을 사라진 곳에는 어쭙잖게 공장 몇몇이 들어선 상태다.

오간 데 없이 사라진 늙은 물푸레나무의 옛 영화. 그의 모지락스런 삶이 안타깝게 다가왔다. 자칫하면 공장들 틈에 끼여 모멸스럽게 죽을 수도 있다는 섬뜩한 생각도 들었다.

그때부터 나무를 세상에 알리고 어떻게든 보호해야 하겠다는 생각이 들어, 틈나는 대로 많은 사람들에게 알렸고, 마침내 문화재청에는 '천연기념물' 지정 신청을 올렸다.

그로부터 삼 년 만에 나무는 천연기념물 제470호가 됐고 지금 한창 나무를 보호하기 위해 화성시에서 팔을 걷어붙였다는 소식이 들려온다.

화성 전곡리 물푸레나무. 어쩌면 참담하게 생을 마칠 수도 있었을 한 그루의 물푸레나무. 네가 있는 그곳에도 지금 겨울 눈 내리느냐? 가만히 마음속에 편지 한 장 접어놓는다.

* 물푸레나무 : 가지를 물에 담그면 물을 푸르게 한다 하여 이름 붙은 나무다. 목재가 단단하면서도 질겨서 특히 농촌의 농기구용 재료로 많이 쓰이고, 옛날 서당에서 회초리로 쓰기에도 좋은 나무였다. 그밖에 가구 재료로 많이 쓰여서 오랜 세월 살아남기 힘들었던 나무다. 우리나라와 중국에서 자생한다.

오동나무의 웃음소리

김선우

　서른 해 넘도록 연인들과 노닐 때마다 내가 조금쯤 부끄러웠던 순간은 오줌 눌 때였는데 문 밖까지 소리 들리면 어쩌나 힘주어 졸졸 개울물 만들거나 성급하게 변기 물을 폭포수로 내리며 일 보던 것인데

　마흔 넘은 여자들과 시골 산보를 하다가 오동나무 아래에서 오줌을 누게 된 것이었다 뜨듯한 흙냄새와 시원한 바람 속에 엉덩이 내놓은 여자들 사이, 나도 편안히 바지를 벗어내린 것인데

　소리 한번 좋구나! 그중 맏언니가 운을 뗀 것이었다 젊었을 땐 왜 그 소릴 부끄러워했나 몰라, 나이 드니 졸졸 개울물 소리 되려 창피해지더라고 내 오줌 누는 소리 시원타고 좋아라 하는 것이었다

　그러고 보니 딸애들은 누구 오줌발이 더 힘이 좋은지, 더 넓게, 더 따뜻하게 번지는지 그런 놀이는 왜 못하고 자라는지 몰라, 궁금해하며 여자들 깔깔거리는 사이

　문 밖까지 땅 끝까지 강물소리 자분자분 번져가고 푸른 잎새

축축 휘늘어지도록 열매 주렁주렁 매단 오동나무가 흐뭇하게
따님들을 굽어보시는 것이었다

　마흔 넘은 여자들이 오동나무 그늘 아래 들어앉아 보기 민망할 만큼 펑퍼짐해진 엉덩이를 드러내고 오줌을 누는 장면이라니. 그런데 이상하게도 시 속의 그림이 흉하지 않고 재미있다. 마치 조선의 화원畫員 혜원蕙園의 풍속화 같다.
　여자들의 오줌 누는 풍경을 굽어본 게 오동나무였다는 건 기가 막히게 절묘하다. 오동나무만큼 이 땅의 여자들을 위한 나무가 또 있을런가 해서다.
　울림 좋은 장구통이나 거문고통으로 쓰려고 심기도 했지만, 무엇보다 오동나무는 애지중지 키운 딸자식 시집보낼 때, 좋은 장롱 한 채 만들자고 심는 나무였다. 잘 키워 남의 집에 보낼 때 번듯한 장롱 한 채 지어주려는 아비들의 정성을 가득 담아 키우는 나무가 오동나무다.
　여자들을 위해 생명을 얻고, 다시 여자들을 위해 기꺼이 제 생명을 내놓는 오동나무다.
　오동나무 가운데 4백 년 넘게 마을 어귀를 지키고 서 있는 나무가 있다. 경북 청송 홍원리 개오동나무다. 이 오동나무는 마을 사람들이 편안히 쉴 수 있는 정자나무처럼 늠름하게 컸다. 마을에 없어서는 안 될 만큼 크고 아름다운 나무다. 오동나무는 어느 곳에서나 마을 사람들에게 무척 친한 나무가 됐고, 오동나무 아래에서는 누구나 편안하게 사람살이를 이야기한다. 그런데 노인이

든 어린아이든, 오동나무 아래는 여자가 잘 어울린다.

  고요한 마을 홍원리 개오동나무에 가면 이 땅에서 자란 이 땅의 딸들이 이 땅에서 늙어, 나무 아래 주저앉아 하염없이 누군가를 기다리는 모습을 볼 수 있다. 마을 어귀, 하루에 두어 차례 버스가 오가는 자리다.

  누구인지는 몰라도 그 기다림의 한 세월을 보낸 노파들에게 오동나무는 떨어질 수 없는 벗이다. 저 노파들드 그들의 아비가 지어준 오동나무 장롱을 갖고 혼례를 치렀을까, 궁금하다.

* 오동나무 : 딸아이가 시집갈 나이쯤인 스무 허 정도 되면 베어내 쓸 수 있을 만큼 빠르게 자란다. 잘 자라면 20m까지 자란다. 우리나라 중부 이남의 따뜻한 지방에서 자란다. 잎사귀가 길이 20cm, 너비 30cm나 된다. 우리나라에서 크게 자라는 나무 가운데에서는 가장 큰 잎이다.

죽편竹篇 1
― 여행

서정춘

여기서부터, ―멀다
칸칸마다 밤이 깊은
푸른 기차를 타고
대꽃이 피는 마을까지
백년이 걸린다

　대꽃 피는 마을까지 가는 데에 백년이 걸린다는 건 시어이지만, 식물학의 언술이기도 하다. 풀草이기도 하지만, 나무木이기도 한 대나무의 개화開花는 신비에 싸여 있다.

　대개 무리지어 자라는 대나무는 그 숲의 어느 한 개체가 먼저 꽃을 피우면 모든 대나무가 일제히 꽃을 피운다. 그리고는, 꽃을 피운 모든 대나무들이 일제히 죽음에 든다. 광합성을 하며 에너지를 만들어내야 할 잎이 날 자리에, 꽃이 피어나는 게 원인이다. 꽃을 피우기 위해 소진한 에너지를 보충하지 못하고 탈진한 결과다. 꽃을 피우기 위해 스스로의 생명을 버리는 장엄한 죽음이다.

　신비로운 것은 개화 시기다. 대나무의 꽃은 육십 년에 한 번 피우거나 그때를 넘기면, 다시 육십 년을 흘려보낸 백이십 년 만에 한 번 피운다. 까닭을 모르겠다. 식물학을 전공하는 분들도 그저 '우주의 신비'라고만 이야기한다. 그렇지. 어찌 다른 생명체의 모든 것을 사람이 다 알 수 있겠는가.

　맞다. 푸른 기차를 타고 백 년씩이나 걸려야 겨우 대꽃을 볼 수 있다. 그러나 대꽃 개화는 그 기다림만큼 화려하지도 않아, 기다림의 끝은 서글프다. 그 서글픔조차 때로 사람은 평생 한 번도 누리지 못한다.

* 대나무 : 열대지방과 아시아 지역에서 자라는 나무다. 특히 아시아의 계절풍이 부는 지역에서 잘 자란다. 지역과 환경에 따라 다양한 종류가 있다. 세계적으로는 1,250종이 있다고 하는데, 우리나라에서 자라는 종류로는 왕대, 솜대, 맹종죽, 시누대, 조릿대, 오죽 등이 있다.

나무 학교

문정희

나이에 관한 한 나무에게 배우기로 했다
해마다 어김없이 늘어가는 나이
너무 쉬운 더하기는 그만두고
나무처럼 속에다 새기기로 했다
늘푸른나무 사이를 걷다가
문득 가지 하나가 어깨를 건드릴 때
가을이 슬쩍 노란 손을 얹어놓을 때
사랑한다!는 그의 목소리가 심장에 꽂힐 때
오래된 사원 뒤뜰에서
웃어요! 하며 나무를 배경으로
순간을 새기고 있을 때
나무는 나이를 내색하지 않고도 어른이며
아직 어려도 그대로 푸르른 희망
나이에 관한 한 나무에게 배우기로 했다
그냥 속에다 새기기로 했다
무엇보다 내년에 더욱 울창해지기로 했다

　나이에 관한 한 나무에게 배우기로 했다는 시인은 슬기롭다. 세상의 어떤 생명체도 나무처럼 나이 들수록 더 아름다워지는 건 없다.

　서두르는 법 없이 계절의 흐름을 따르고, 비바람 모진 풍파 고스란히 제 몸 깊은 곳에 새겨 넣으며 살아가는 탓일 게다. 바람 불어 가지 하나 부러지고 찢겨 나가도, 가지 위에 보금자리 튼 새들의 지저귐이 흥겨워도 전혀 내색하지 않고, 세월의 흐름을 큰 바위처럼 언제나 푸르게 사는 까닭이리라.

　작은 일에도 분을 삭이지 못하고 온 얼굴 찡그리거나, 허투루 지나칠 일에 까르르 목젖이 드러나게 웃어제끼며 살아가는 사람살이와는 판이한 나무살이다. 지나치는 순간의 아쉬움을 못 견뎌 절집 뒤뜰 나무 곁에 서서 순간을 새기는 사람들의 야단스러움을 가만히 굽어보는 나무는 정녕 아름답다.

　해를 넘길수록 더 울창해지고 더 아름다워지는 나무들을 바라보며, 어떻게 나이 들면서 더 아름다워질 수 있는가를 생각한다.

플라타너스

김현승

꿈을 아느냐 네게 물으면,
플라타너스,
너의 머리는 어느덧 파아란 하늘에 젖어 있다.

너는 사모할 줄을 모르나,
플라타너스,
너는 네게 있는 것으로 그늘을 늘인다.

먼 길에 올 제,
홀로 되어 외로울 제,
플라타너스,
너는 그 길을 나와 같이 걸었다.

이제, 너의 뿌리 깊이
나의 영혼을 불어넣고 가도 좋으련만,
플라타너스,
나는 너와 함께 신神이 아니다!

수고론 우리의 길이 다하는 어느 날,
플라타너스,

너를 맞아줄 검은 흙이 먼 곳에 따로이 있느냐?
나는 오직 너를 지켜 네 이웃이 되고 싶을 뿐,
그곳은 아름다운 별과 나의 사랑하는 창이 열린 길이다.

늘 지나는 길에 늘어선 나무들이 플라타너스였음을 알게 되는 데에 십 년도 더 걸렸다. 어쩌면 그 긴 시간 동안 그 길에 나무가 있었다는 것조차 몰랐는지 모른다. 마흔이 되어서야 비로소 길가에 나무가 늘어서 있음이 눈에 들어왔고, 그 길의 플라타너스 나무들을 각별하게 느낄 수 있었다.

플라타너스의 넓은 잎은 그늘을 짙게 드리운다. 뙤약볕 내리쬐는 여름 낮, 플라타너스의 넉넉한 그늘은 고맙다. 이 나무의 대부분은 도시의 공기를 맑게 하기 위해 미국에서 건너왔다. 와서는 소란스럽고 먼지와 소음투성이인 도심 도로변에 심어져 생애 내내 사람들이 뿜어내는 온갖 더러운 것들을 뒤집어쓰고 살아간다.

사람들은 이 나무가 교통 신호등을 가린다, 간판을 가린다 따위의 이유로 가을 지나면 무참하게 가지를 쳐낸다. 줄기 윗부분에서 뻗어 나온 가지들은 처참하게 잘려나간다. 흉측하게 잘려나간 줄기의 희멀건 얼룩이 안쓰럽다. 그렇게 잘려나가도 다시 봄이 오면 가지를 왕성하게 뻗어낸다. 생명력이 뛰어난 까닭에 다시 가을이면 처참하게 가지가 잘려나간다. 그리 혹독한 세월을 보내는 나무지만 어김없이 사람에게 꼭 필요한 산소를 내어준다. 숨 가쁠 만큼 무더운 여름 낮 플라타너스 아래 들어서면 느껴지는 삽상함은 그 결과다.

그냥 두면 다른 어떤 나무 못지않게 잘 자라고, 풍치 또한 여느 나무만큼 아름다운 나무가 플라타너스다. 경상북도의 어느 절집에서 도시의 가로수와는 전혀 다른 운명을 띠고 자라는 플라타너스를 본 적이 있다. 칠곡의 송림사였다. 두 그루가 모두 행복해 보였다. 줄기의 굵기로 보아 그리 오래된 나무는 아니다.

한 그루는 조그마한 삼성각 옆에 한가로이 서 있고, 다른 한 그루는 그 옆에 크게 자란 가문비나무와 함께 하늘 향해 높이 솟아올랐다. 가지퍼짐에서부터 줄기의 우람한 생김새가 여느 플라타너스와 근본적으로 다르다. 누가 돌봐준 탓이 아니다. 그냥 놔두기만 해도 그만큼 아름답게 자랄 수 있다는 것을 보여주는 것이다.

칠곡 송림사 경내에서 행복하게 살아가는 이 두 그루의 플라타너스는 아마 세상의 모든 플라타너스 가운데 가장 행복한 플라타너스임에 틀림없다. 도시에서 흔하디흔하게 볼 수 있는 플라타너스, 이제 우리의 이웃으로 다시 바라보아야 한다. 그것이 바로 우리 사랑의 창을 열어가는 첫걸음임을 이제는 바로 알아야 한다.

* 플라타너스 : 잎이 넓은 데다 뒷면에 눈으로는 잘 보이지 않는 솜털을 갖고 있다. 공기 중의 먼지를 흡착하는 능력이 좋아 가로수로 많이 심는다. 식물학에서는 양버즘나무라고 부른다. 같은 종류의 나무 가운데에는 버즘나무와 단풍버즘나무가 있다. 줄기의 껍질이 얼굴에 버즘 피듯 벗겨지며, 열매는 방울 모양으로 달린다. 잘 자라면 30m가 넘을 정도로 크게 자란다.

한 잎의 여자女子 3
― 언어는 신의 안방 문고리를 쥐고 흔드는 건방진 나의 폭력이다

오규원

내 사랑하는 여자女子, 지금 창밖에서 태양에 반짝이고 있네. 나는 커피를 마시며 그녀를 보네. 커피 같은 여자女子, 그래뉼 같은 여자女子. 모카골드 같은 여자女子. 창밖의 모든 것은 반짝이며 뒤집히네, 뒤집히며 변하네, 그녀도 뒤집히며 엉덩이가 짝짝이가 되네. 오른쪽 엉덩이가 큰 여자女子, 내일이면 왼쪽 엉덩이가 그렇게 될지도 모르는 여자女子, 줄거리가 복잡한 여자女子, 소설 같은 여자女子, 표지 같은 여자女子, 봉투 같은 여자女子. 그녀를 나는 사랑했네. 자주 책 속 그녀가 꽂아놓은 한 잎 클로버 같은 여자女子, 잎이 세 개이기도 하고 네 개이기도 한 여자女子.

내 사랑하는 여자女子, 지금 창밖에 있네. 햇빛에는 반짝이는 여자女子, 비에는 젖거나 우산을 펴는 여자女子, 바람에는 눕는 여자女子, 누우면 돌처럼 깜깜한 여자女子. 창밖의 모두는 태양 밑에서 서 있거나 앉아 있네. 그녀도 앉아 있네. 앉을 때는 두 다리를 하나처럼 붙이는 여자女子, 가랑이 사이로는 다른 우주와 우주의 별을 잘 보여주지 않는 여자女子, 앉으면 앉은, 서면 선 여자女子인 여자女子, 밖에 있으면 밖인, 안에 있으면 안인 여자女子. 그녀를 나는 사랑했네. 물푸레나무 한 잎처럼 쬐그만 여자女子, 여자女子 아니면 아무것도 아닌 여자女子.

'불타는 오후'에, '나무 속에서 자 본다'며 시인 오규원은 이 세상을 떠났다. 그이는 강화도 전등사의 나무 아래 묻혔다. 한 해 전이다.

살아 있는 동안 한 여자를 사랑했단다. 그 여자는 물푸레나무 한 잎처럼 쬐그맣다. 물푸레나무 잎사귀를 바라볼 때마다 생각나는 시다. 같은 제목의 연작시 중 첫째 편에서는 여자를 "물푸레나무 그 한 잎의 솜털, 그 한 잎의 맑음, 그 한 잎의 영혼, 그 한 잎의 눈, 그리고 바람이 불면 보일 듯 보일 듯한 그 한 잎의 순결과 자유"라 했다.

그 여자는 둘째 편에서 '영혼에도 가끔 브래지어를' 하고 '나뭇잎처럼 위험한 가지 끝에 서서 햇볕을 받는' 여자였다가, 여기 셋째 편에서는 커피 같아진다. 가랑이 사이에 우주를 간직한 그 여자는 '여자 아니면 아무것도 아닌 여자'로 시인의 사랑을 차지했다.

세 편의 연작시를 따로 떼놓고 보아도 좋지만, 이 시는 유독 세 편을 연달아 읽으면 정말 좋다. 물푸레나무의 삽상한 푸르름이 시에서 가만히 배어 나온다.

'한 잎의 여자'라는 상큼한 표현이 하도 놀라워 사랑하는 여자를 생각해도 떠오르지만, 나는 물푸레나무를 생각하면 가장 먼저 이 시가 떠오른다. 온 우주를 품에 안은 그 여자처럼 나뭇잎도 온 우주를 잎사귀 하나에 가득 담는다. 여자처럼 앙증맞게 쬐그마하지만, 언제나 푸르고 싱그러운 잎사귀 하나 간직한 푸른 나무, 물푸레나무가 더 먼저 떠오른다는 거다.

세상을 싱그럽게 하고, 세상을 키우는 물을 푸르게 하는 물푸레나무는 여름에 더 좋다. 이름 때문만은 아니다. 가지를 넓게 펼치는 나무의 생김생김이 여름에 나무꾼이 나무를 할 때, 이마에 흐른 땀을 씻어준다는 우리 동요 속의 그 나무라고 생각된다.

넓게 펼친 가지마다 규칙적으로 매달린 싱그러운 복엽複葉들, 그 사이로 흐르는 상큼한 바람은 여름 무더운 한낮의 더위를 적당히 식혀준다. 그래. 동요 속의 그 나무는 틀림없이 물푸레나무일 테고, 사랑하는 여자는 분명 물푸레나무 한 잎처럼 쬐그마할 거야.

담쟁이

도종환

저것은 벽
어쩔 수 없는 벽이라고 우리가 느낄 때
그때
담쟁이는 말없이 그 벽을 오른다
물 한방울 없고 씨앗 한톨 살아남을 수 없는
저것은 절망의 벽이라고 말할 때
담쟁이는 서두르지 않고 앞으로 나아간다
한 뼘이라도 꼭 여럿이 함께 손을 잡고 올라간다
푸르게 절망을 다 덮을 때까지
바로 그 절망을 잡고 놓지 않는다.
저것은 넘을 수 없는 벽이라고 고개를 떨구고 있을 때
담쟁이잎 하나는 담쟁이잎 수천 개를 이끌고
결국 그 벽을 넘는다.

담쟁이덩굴뿐 아니다. 모든 덩굴식물의 질긴 생명력이 사람에겐 놀람일 수밖에 없다. 그들이 홀로 서지 못한다는 데에서 놀람은 두 배로 커진다. 담쟁이덩굴의 그 가는 줄기 하나가 오 층쯤 되는 건물 담벼락을 온통 뒤덮는 건 특별한 일이 아니다. 덩굴식물이 죄다 그렇다.

작은 화분에 담쟁이덩굴을 심어 기른 적이 있다. 버팀목을 세워주지 않으니 담쟁이덩굴은 담을 향해 돌진했다. 우렁차게 약진했다. 곁에 나란히 놓인 다른 화분의 꽃나무들을 압도하는 무성함이 심술맞아 보였다. 짓궂은 장난기가 발동해 담쟁이 화분을 반대 방향으로 돌려놓았다. 하! 다시 벽 쪽으로 방향을 바꾸어 돌진하는 데에는 며칠 걸리지 않았다. 무서울 정도로 왕성한 생명력이라니.

동백 숲으로 유명한 전북 고창 선운사에 가면 덩굴식물의 이 같은 생명력의 우렁찬 절창을 들을 수 있다. 절집 입구에서 만나게 되는 '송악'이다. 담쟁이덩굴과는 다른 종류이지만 역시 '담장나무'라는 별명을 가진 우리나라의 대표적 덩굴식물이다. 천연기념물 제367호로 지정된 이 나무는 정확한 나이를 짐작하기 어렵지만, 그 생김새가 그저 감탄사만 연발하게 하는 매우 큰 덩굴나무다.

사람이 매달리기 어려운 벽이어서 나무는 그걸 넘는 모양이다.

시인의 혜안이 바라본 것처럼 한 개의 잎을 따라 수천의 이파리가 우르르 매달려 벽을 넘는다. 사람이 넘지 못하는 푸른 절망의 벽, 그걸 넘는 건 덩굴식물이다. 나무다.

* 담쟁이덩굴 : 홀로 서지 못하고 담장이나 나무즐기에 붙어서 자라는 덩굴식물이다. 줄기는 10m를 넘게 뻗어나갈 만큼 생명력이 강하다. 덩굴을 뻗어내는 덩굴손에는 둥근 흡착근吸着根이 있어서 한번 담벼락에 붙으면 쉬 떨어지지 않는다. 초여름에 황록색으로 자그마하게 꽃을 피우기는 하지만 눈에 잘 띄지 않는다. 가을에 붉게 단풍 든 모습이 매우 아름답다. 뿌리와 줄기는 한방에서 약재로 쓰기도 한다.

나무

박남수

나무는 뛰기 시작했다.
한동안
신록新綠의 분수噴水로
하늘을 향해 뿜고 있더니,
이윽고 나무는
향기로 흐르고 있었다.
그것은 조용한 여울을 지우며
애기의 눈가를 간지리어서
결국 터지는 웃음이 되었다.
그후는
낮잠을 자고 있었을까.
전신全身으로 흔드는
지지지 노래를 울리면서
눈부신 빛깔―밝안 빛깔이
땅으로 투하投下되어
메마른 땅 속에서 폭발爆發하고
나무는 사방四方으로 뛰기 시작했다.

나무는 뛰지 않는다. 커녕 걷지도 않는다. 그래도 나무는 향기로 흐른다. 멈춰 있는 듯하지만, 나무는 한순간도 머뭇거리지 않고 뛴다.

봄 숲에 아이들이 모여든다. 아이들을 이끄는 선생님의 손에는 청진기가 들렸다. 선생님이 아이들을 큰 나무 앞에 세우고 차례대로 청진기를 건네준다. 아이들은 의사처럼 조금은 도도한 태도로 청진기를 귀에 꽂고 나무줄기에 다가선다. 짐짓 수술방에 들어선 의사처럼 심각한 표정을 짓던 아이는 금세 눈망울을 화들짝 키웠다가 '우와!' 하고는 활짝 웃어버린다.

나무의 약동 소리를 들은 게다. 봄이면 왕성해지는 나무의 수액 빨아올리는 소리가 아이의 귓속 세반고리관을 지나 가슴까지 전해진 거다. 이제 아이들도 알겠다. 나무가 사람처럼 활기차게 호흡하고, 또 왕성한 식욕으로 뿌리에서 저 높은 곳의 가는 가지 끝 잎사귀까지 물을 끌어올린다는 걸.

청진기가 아니어도 느낄 수 있다. 나무 한 그루가 신록으로 푸른빛을 띠기 시작하여 낮잠을 자는 척하다가 종국에는 사방팔방으로 가지를 뻗치고, 가지마다 푸른 잎을 매단다는 걸. 그리고 온종일 발뒤축이 닳도록 돌아다니는 짐승이나 사람처럼 자손을 만들기 위해 꽃을 피우고 열매를 맺는다는 걸.

나무는 그렇게 지금도 쉼 없이 뛴다. 향기로 흐른다.

향나무 한 그루

윤효

반포에서 예술의 전당 가는 길에
향나무 한 그루

왕복 8차선의 매연을 뒤집어쓴 채
그 언덕길 한복판에 꼿꼿이
서 있다

내 고향 앞산머리 그 나무와
똑같은 빛깔과
똑같은 향내를 지닌,

먼발치에라도 마주서면
은은한 푸른 향으로
내 지친 숨결을 헹구어 주는 그 나무와
어쩌면 저렇게
똑같이 생긴

향나무 한 그루

제 향을 안으로만 숨긴 채

미동도 하지 않고
서 있다

성냥을 그으면 불붙을 것 같은
무간지옥無間地獄에 갇혀

싫어하면서, 싫어하면서 서울을 떠나지 못하는 청맹과니 삶이라니. 무간지옥無間地獄. 맞다. 알아도 떠나지 못하는 건 뭔가.

반포 지나 서초동 가는 길에 어쩔 수 없이 만나야 하는 향나무 한 그루가 꼭 그렇다. 스스로 한 걸음도 옮겨 디딜 수 없는 나무가 생애 내내 온갖 먼지, 매연 홀랑 뒤집어쓰고 살아야 할 제 운명을 짐작이나 했으랴.

지나는 사람들, 바라보지도 않는 나무다. 그리 크게 자라도록 사람들의 무관심에 묻혀 자랐다. 지나는 누구든 그 나무를 바라보지 않으려면 일부러 눈을 가려야만 하겠다. 눈 가리고 지나는 사람 하나 없지만, 그 길을 지나온 사람 중에 나무를 기억하는 사람은 몇 없다. 향이 깊어 향나무이지만, 이 나무의 향을 아는 사람은 없다.

한 해 한 번쯤일까? 아니면 그보다 긴 시간 지나야 할까? 사람들은 온통 시커멓게 뒤집어 쓴 매연 덩어리를 씻어내느라 소방차까지 끌고 나무 앞에 선다. 사다리 높이 펼치고 소란스레 물을 뿜는다. 나무를 목욕시킨단다. 그런 날은 신문에도 방송에도 나무가 나온다. 사람들은 그제서야 이야기한다. 그래 그곳에 나무가 있었지.

그러나 그때뿐. 다시 나무는 잊혀진다. 오로지 거리의 소음과 매연만이 향내 나는 나무의 껍질을 덧칠한다. 아, 나무살이의 슬픈 운명이여.

* 향나무 : 나무에서 강한 향기가 난다 해서 향나무라는 이름이 붙었다. 잘 자라면 20m까지 자라고 오래 사는 나무다. 기록상 현재 울릉도 도동항구 절벽 위에서 자라는 향나무가 2천 살이 넘은 나무라고 한다. 우리나라에서 가장 오래된 나무라 하겠다. 어린 가지에서는 날카로운 바늘잎이 달렸다가 대략 7년이 넘으면 부드러운 비늘잎으로 변한다. 우리나라를 비롯해 일본과 중국에서 잘 자란다.

그 여름의 끝

이성복

    그 여름 나무 백일홍은 무사하였습니다 한차례 폭풍에도 그 다음 폭풍에도 쓰러지지 않아 쏟아지는 우박처럼 붉은 꽃들을 매달았습니다

    그 여름 나는 폭풍의 한가운데 있었습니다 그 여름 나의 절망은 장난처럼 붉은 꽃들을 매달았지만 여러 차례 폭풍에도 쓰러지지 않았습니다

    넘어지면 매달리고 타올라 불을 뿜는 나무 백일홍 억센 꽃들이 두어 평 좁은 마당을 피로 덮을 때, 장난처럼 나의 절망은 끝났습니다

 백 일이면 여름의 시작부터 끝까지 두루 아우를 만큼 된다. 그 여름내 지칠 줄 모르고 꽃을 피우는 나무가 배롱나무다. 여름의 거센 비바람을 이겨내기 위해 꽃송이 하나하나가 그리 작아졌고, 되풀이해 밀려오는 태풍을 걱정하느라 꽃송이마다 주름은 그리 깊어졌는지 모르겠다.

 꽃 피운 배롱나무 있는 곳은 어디라도 아름답다. 배롱나무 꽃의 화려함으로 이르자면 안동 병산서원의 배롱나무만큼 화려한 배롱나무가 있을까 싶다. 서원 입교당 뒤란에 가지퍼짐만큼의 거리를 두고 넉넉히 서 있는 대여섯 그루는 배롱나무 꽃 중에 백미라 하지 않을 수 없다.

 또 시뻘겋게 타오르는 여름 햇살에 어울리는 배롱나무 꽃을 이야기하자면 논산의 명재 윤증 고택의 배롱나무가 짚인다. 윤증의 너그러운 마음씨를 그대로 닮은 집 앞 연못의 방장섬에 서 있는 네 그루의 배롱나무가 빚어내는 여름 한낮의 화려함은 해마다 이 곳으로 내 발길을 이끌곤 한다.

 그러고도 내게는 가만히 마음속에 떠오르는 배롱나무가 한 그루 있다. 남원의 교룡산성 터에 고즈넉이 자리잡은 아담한 절집 선국사의 배롱나무다. 법당 앞 칠층석탑 옆에 서 있는 배롱나무는 고졸古拙한 석탑과 전혀 다른 멋을 가졌다. 매끈한 줄기의 붉은 기운 도는 갈색 얼룩부터 무척이나 화려하다. 작지만 직선미

直線美를 갖춘 석탑을 휘감아 돌듯 비틀리며 솟아오른 줄기의 곡선미曲線美 또한 석탑의 분위기와는 영 딴판이다. 붉은 원색의 꽃이 피어날 때면 석탑과 배롱나무의 대조는 극極에 이른다.

그때를 잊을 수 없다. 여름 큰 태풍이 지난 후였다. 태풍 지나고 찌는 볕을 받으며 절집을 휘이휘이 걸어올라 온 가지 끝에 활짝 꽃 피운 나무를 만났다. 한 결 흐트러짐 없는 직선의 석탑 옆에서 단 한 점조차 직선일 수 없는 배롱나무 가지가 펼쳐내는 곡선의 아름다움. 땅속처럼 무거운 무채색의 단아한 석탑을 휘감고 피어오르는 원색의 화려함. 극단의 대조가 빚어낸 완벽한 조화였다.

태풍에도 폭풍에도 스러지지 않는 화려한 나무 꽃, 배롱나무 꽃. 마음 깊이 화려하게 각인되어 남은 남원 선국사 배롱나무다.

* 배롱나무 : 여름에 꽃을 화려하게 피우는 대표적인 여름 꽃나무다. 백일 동안 붉은 꽃을 피운다 하여 백일홍나무라 부르던 것이 변성變聲하여 배롱나무가 됐다. 초본식물인 멕시코산 백일홍과 구별하여 '나무백일홍'이라고도 부르지만, 식물학에서는 '배롱나무'라 한다. 잘 자라면 6m 정도 자란다. 꽃도 아름답지만, 붉은 갈색의 얼룩이 돋보이는 매끈한 줄기 표면도 멋있다. 흰색 꽃을 피우는 나무도 있는데, 이를 '흰배롱나무'라 한다.

꽃은 단 한번만 핀다

백무산

물이 빗질처럼 풀리고
바람이 그를 시늉하며 가지런해지고
봄이 그 물결을 따라
흔들리며 환한 꽃들을 피우네

새 가지에 새 눈에
눈부시게 피었네

꽃은 피었다 지고
지고 또 피는 것이 아니라

같은 눈 같은 가지에
다시 피는 꽃은 없다
언제나 새 가지 새 눈에 꼭
한번만 핀다네

지난 겨울을 피워올리는 것이 아니라
지상에 있어온 모든 계절을
생애를 다해 피워올린다네

언제나 지금 당장 모든 것을
꽃은 단 한번만 핀다네

창문을 열고 밖을 내다보는데, 훅 매운바람이 밀려든다. 불현듯 지난여름 연꽃이 떠오른다. 볕이 따가워 꽃잎 하나로 수줍게 얼굴 가리던 연꽃, 이미 꽃잎을 떨군 지 오래다.

어디에서건 연꽃을 다시 보려면 여름을 기다려야 하겠다. 한 해만 기다리면, 어김없이 그때 그 자리에 연꽃은 다시 피어오르겠지만, 그건 지금 내가 떠올리는 그때 그 연꽃이 아니다. 시인의 말처럼 꽃은 단 한 번만 핀다.

사라진 모든 것들이 그리워진다. 고뿔 든 탓일까? 지난봄 천리포의 목련꽃도, 개심사의 연둣빛 벚꽃도, 모두 그리움으로 스치운다. 기다리고 또 기다리면 나무들은 지난해보다 더 예쁜 꽃들을 피우겠지. 그러나 한번 마음 주었던 그때 그 꽃을 다시 만날 수 없다는 깨달음에 어질머리가 일어난다.

고뿔 들어 정신이 미약해진 까닭에 가슴속엔 그리움이 깊어진다. 지나간 모든 것들, 사라진 모든 것들이 참 그립다. 그래서 살아 있는 모든 것들이 더 소중하게 느껴진다.

상수리나무

이재무

애써 가꾼 한 해 양식을
지상으로 돌려보낸 뒤
한결 가벼워진 두 팔 들어올려
하늘 경배하는 그대들이여

주머니 속
때묻은 동전에 땀이 배인다

　상수리나무 열매로 쑨 묵은 맛있다. 도토리묵이다. 피난 중에 양식이 모자랐던 선조 임금이 이미 그 맛을 알아봤다고 했다. 도토리묵은 상수리나무 열매만으로 만들지 않는다. 갈참나무나 굴참나무 같은 참나무과 나무들의 모든 열매들이 뒤섞인다. 그리고 도토리묵이라 한다. 참나무과의 열매들을 모두 도토리라 부르기 때문이다.

　다른 도토리들에 비해 조금 길쭉한 상수리나무의 도토리는 바지 주머니에 넣어두고 손장난 놀기에 알맞춤하다. 시골의 길섶이나 숲길이라면 어디라도 흔하디흔하게 주울 수 있는 도토리 열매건만 가끔 길을 걷다가 만나는 상수리나무 도토리는 이름의 발음에서 느껴지는 것처럼 귀엽다. 그냥 지나치지 못할 만큼 귀엽다. 누구라도 한두 알 주워 들게 된다.

　상수리나무가 다람쥐에게 겨울 양식 하라고 한 해 동안 애써 가꾼 도토리. 하지만 다람쥐들의 겨울을 배려하기보다는 심심한 손아귀의 놀잇감을 먼저 생각하게 된다. 눈 덮인 겨울 숲에서 겨울을 나야 할 다람쥐들의 겨울 양식 갈무리는 넉넉한가, 그런 생각에 이르길 기대하는 건 엉터리없는 기대다.

　상수리나무가 애써 가꾼 한 해 양식을 지상에 돌려보내면 누구보다 숲 속 다람쥐들이 바빠진다. 긴 겨울 양식을 갈무리해야 한다. 온종일 부지런히 돌아다니며 주워 온 도토리를 이곳저곳 땅

깊이 묻는다. 얼마쯤 모아둔 도토리로 안도할 만하면 겁 많은 다람쥐는 활동을 멈추고 겨울잠에 든다. 다람쥐 따라 졸음에 겨운 상수리나무도 천천히 긴 휴식에 들어갈 채비를 한다. 그렇게 숲에도 고요의 겨울이 온다.

겨울은 숲의 어느 계절보다 지루하고 길다. 그래도 봄은 다시 온다. 무사히 겨울을 넘긴 다람쥐가 새 먹이를 찾아 숲으로 나선다. 지난 가을 부지런히 주워 모았던 도토리가 몇 알 남았다. 도토리들은 주인 떠난 빈 보금자리의 새 주인이 된다. 이제 나무로서 싹 틔울 채비를 할 차례다. 땅속까지 따뜻한 기운이 밀려들어 오면 도토리는 어김없이 상수리나무로 다시 태어난다.

도토리는 상수리나무가 되고, 상수리나무는 다시 도토리를 맺는다. 도토리는 겨울나기를 준비하는 다람쥐의 눈에 띄어, 땅속 깊은 곳에 고이 묻힐 것이고, 다람쥐의 생명을 잇기 위해 겨울을 다람쥐와 함께 보낸 뒤, 남은 씨앗은 다시 또 번식할 것이다.

숲에서 요동치는 생명의 약동 소리가 우렁차다.

고목

복효근

오동은 고목이 되어갈수록
제 중심에 구멍을 기른다
오동뿐이랴 느티나무가 그렇고 대나무가 그렇다
잘 마른 텅 빈 육신의 나무는
바람을 제 구멍에 연주한다
어느 누구의 삶인들 아니랴
수많은 구멍으로 빚어진 삶의 빈 고목에
어느 날
지나는 바람 한 줄기에서 거문고 소리 들리리니
거문고 소리가 아닌들 또 어떠랴
고뇌의 피리새라도 한 마리 세 들어 새끼칠 수 있다면
텅 빈 누구의 삶인들 향기롭지 않으랴
바람은 쉼없이 상처를 후비고 백금칼날처럼
햇볕 뜨거워 이승의 한낮은
육탈하기 좋은 때

잘 마른 구멍하나 가꾸고 싶다

　오동뿐 아니다. 구멍 하나 없이 오래도록 사는 나무는 없다. 사람 넷이 들어가도 넉넉할 만큼 큰 구멍이 난 나무도 있다.
　아이들 두엇은 충분히 들락날락 숨바꼭질을 할 만한 강화도 백련사 느티나무는 그 생김생김이 조금 무섭다. 하지만 봉화 청량산 응진전 가는 길목의 고사목은 늙어 줄기도 부러지고 다 죽은 채 썩은 구멍만 휑하게 드러냈지만, 아름답다. 전쟁 때엔 이 구멍 안에 사람을 여럿 밀어 넣고 불을 질렀다는 역겨운 전설도 전한다.
　한 해 내내 정성을 들여 이 나무를 찾았던 적이 있다. 어느 봄날 이른 아침이었다. 나무를 찾아 오르는 길에서 딱따구리 소리를 들었다. 청아한 부리 짓의 울림은 이른 아침 산사의 정적을 깨고 온 산에 울려 퍼졌다. 텅 빈 고사목을 두드리는 소리였다. 텅 빈 구멍은 자연스레 훌륭한 공명을 빚어내는 큰 악기가 된 셈이었다. 자연이 스스로 빚어낸 거대한 악기였다.
　나무는 이미 죽었는데, 죽음처럼 어둡게 텅 빈 나무의 커다란 구멍은 죽지 않았다. 잘 마른 구멍 하나가 새 생명을 위한 보금자리로 다시 태어나고 있었다. 구멍 안을 바람막이로 삼아 이름 모르는 풀들이 자랐다. 줄기 위쪽에서는 아예 썩어가는 나무줄기를 거름으로 또 다른 풀이 자리잡았다. 분주히 줄기를 타고 오르내리는 개미들은 물론이고, 간간히 사람의 흔적을 피해 온갖 새들도 날아들었다. 한때는 토종벌도 그 깊은 구멍 안에 살았다고 한다.

누구의 삶이라도 텅 빈 삶이라면 향기로울 수 있는 이유를 잘 썩어 마른 구멍 하나 있는 고사목이 보여준 것이다. 한 해 동안 그 죽은 나무와의 만남을 나는 공중파 방송에 내보내며 '비어냄으로써 채우는 생명'이라는 내용으로 내레이션을 했다. 그리고 얼마 뒤 나는 '모든 이에게 모든 것이 되라'는 가톨릭교회의 가르침 '옴니부스 옴니아'를 들먹이며, 글로써 다시 ㅇ 나무를 소개했다.

내가 그리 공들여 바라본 봉화 청량산의 고사목은 진짜 자기를 비워 모든 것을 내주는 '옴니부스 옴니아'의 전도사다.

은행나무

곽재구

너의 노오란 우산깃 아래 서 있으면
아름다움이 세상을 덮으리라던
늙은 러시아 문호의 눈망울이 생각난다
맑은 바람결에 너는 짐짓
네 빛나는 눈썹 두어 개를 떨구기도 하고
누군가 깊게 사랑해온 사람들을 위해
보도 위에 아름다운 연서를 쓰기도 한다
신비로와라 잎사귀마다 적힌
누군가의 옛추억들 읽어가고 있노라면
사랑은 우리들의 가슴마저 금빛 추억의 물이 들게 한다
아무도 이 거리에서 다시 절망을 노래할 수 없다
벗은 가지 위 위태하게 곡예를 하는 도롱이집 몇 개
때로는 세상을 잘못 읽은 누군가가
자기 몫의 도롱이집을 가지 끝에 걸고
다시 이 땅 위에 불법으로 들어선다 해도
수천만 황인족의 얼굴 같은 너의
노오란 우산깃 아래 서 있으면
희망 또한 불타는 형상으로 우리 가슴에 적힐 것이다

　은행나무 아래 서서 시인은 도스토예프스키의 소설 『백치』를 떠올렸는가. 가을날 보도를 노랗게 물든 잎으로 덮는 은행나무는 가을 도시의 가장 환한 빛이다. 세월이 하수상하여도 도시 가을의 색깔은 언제나 은행잎의 노란빛이다. 그 빛으로 사람들은 책갈피도 만들고 편지도 쓴다. 그리고 더 많게는 추억을 만든다.

　은행잎 책갈피는 누구에게라도 아름다운 금빛 추억임에 틀림없다. 또 은행잎 편지는 오래도록 '아름다운 연서'였다. 커다란 은행나무는 그렇게 해마다 거리 위에 연서를 쓴다. 그 노란 연서를 서걱서걱 밟으며 걷는 사람들은 행복하다.

　한 해 내내 생명 활동으로 온 에너지를 쏟아내고 시나브로 도시를 환히 밝히려 노란 잎 떨구는 은행나무는 그래서 어느 시절에라도 생의 아름다운 희망이다. 세상을 잘못 읽은 누구에게, 혹은 이 땅에 불법으로 들어선 사람에게도 노랗게 물든 은행잎을 바라보는 일, 그것은 가을에 우리가 할 수 있는 희망 찾기다.

　* 은행나무 : 은행나무는 지구상에 살아남은 가장 오래된 생명체 가운데 하나다. '화석나무'라고도 한다. 암나무와 수나무가 따로 있는 암수딴그루의 나무로, 잘 자라면 60m까지도 자란다. 꽃은 4월께 잎겨드랑이에서 황록색으로 자잘하게 피고, 가을에 암나무에 열매가 맺힌다. 암나무만 따로 있으면 열매를 맺지 못한다.

시월의 사유

이기철

텅 빈 자리가 그리워 낙엽들은 쏟아져 내린다
극한을 견디려면 나무들은 제 껍질을 튼튼히 쌓아야 한다
저마다 최후의 생을 간직하고 싶어 나뭇잎들은
흙을 향하여 떨어진다

나는 천천히 걸으면서 나무들이 가장 그리워했던 부분을 기억하려고 나무를 만진다
차가움에서 따스함으로 다가오는 나무들
모든 감각들은 나무 향기 쪽으로 기울어 있다
엽록일까 물관일까, 향기를 버리지 않으면 나무들은 삭풍을 이기지 못한다
어두워야 읽히는 가을의 문장들, 그 상형문자들은 난해하다
더러 덜컹거리는 문짝들도 제자리에 머물며 더 깊은 가을의 심방을 기다린다
나뭇잎들, 저렇게 생을 마구 내버릴 수 있다니. 그러니까 너희에게도 생은 무거운 것이었구나
나는 면사무소 정문으로 한 노인이 자전거를 끌고 들어가는 것을 보고, 사람이 나뭇잎보다 더 가벼워질 수도 있겠구나라고 생각하며 염소들이 지나간 길을 골라 걷는다
가벼운 것들

뽕나무잎 누에고치 거미줄 잠자리 제비집 종이컵 볼펜 다 읽
은 시집들
  그러나 나를 짓누르는 것들, 무거운 것들
  불면증 서문시장 팔공산 조지 부시 아프간 전쟁 매리어트 호
텔 영변 경수로 김정일 인천공항 유에스 달러

  면사무소 은행나무 위에도 가을이 오고
  이제 무들은 더 뿌리를 내리지 않는다
  병든 새들과 가난한 사람들은 어서 집을 지어야 한다
  이 주식의 가을에 사람들은 끝없이 회의를 하고
  나뭇잎은 아무것도 추억하지 않는다
  은행나무가 그렇듯이. 염소가 그렇듯이

　몇 번을 되읽어 귀퉁이가 다 닳아빠진 시집이 가방 속에서 꿈틀댄다. 동시에서 '나무는 즐거워'라 했던 시인의 눈에도 낙엽하는 나뭇잎의 삶은 무거울 수밖에. 하! 사람보다 나뭇잎 하나가 더 무겁다니.
　가을 면사무소 앞 느티나무 그늘 아래 긴 의자에 자전거를 타고 가던 노인이 털퍼덕 자리잡는다. 자전거를 단정하게 긴 의자 옆에 세운다. 바지춤에서 피우다 만 담배꽁초를 꺼내 입에 물고는 깊게 한 모금 들이마신다. 노인이 내뿜는 연기 사이로 느티나무 낙엽 하나가 후르륵 스쳐 날아간다.
　아무렇지도 않은, 그저 그렇고 그런 시골 오후의 나른한 풍경이 시인에게 삶을 짓누르는 갖가지 화두를 끄집어냈나 보다. 그이도 삶이 무거웠던 탓이겠지. 짧았지만 낙엽도 필경 한 생을 살아온 생명이었거늘, 어찌 추억할 것이 없겠는가만, 시인은 은행나무도, 자기처럼 걷는 염소도 적막궁산이라 한다.
　저리 무겁게 산다는 건 무언가. 여름 한낮 나무의 짙은 초록 잎새에 가리운 우리 찬란한 노동의 삶이 그것일까. 그렇다면 어두워야 읽히는 가을의 문장들이란, 하릴없이 살아 있는 우리들의 어깨를 짓누르는, 벗어날 수 없는 삶의 화인火印 아닐까 싶다.

낙엽을 위한 파반느

이병금

세상이 잠시 황금빛으로 장엄하다
노란 은행잎들이
마지막 떠나가는 길 위에서
몸 버리는 저들 중에 어느 하나
생애에서 목마른 사랑을 이룬 자 있었을까
마침내 행복한 자가 그 누구였을까
최후까지 등불을 끄지 않는
기다림의 시간만이 저 혼자 깊어간다
몸은 땅에 떨어져 나뒹굴지라도
사랑은 아직 끝나지 않았노라고
남은 불꽃을 당기는 저들만의
그리움이 안타깝게 쌓여가고 있다

잎비 내린다. 이른 아침, 겨울 내음 가득 담은 바람이 차다. 곱은 손을 호주머니 안에 꽁꽁 집어넣고, 나무 앞에 선다. 샛노란 잎으로 사위를 환히 밝히던 인천 장수동 은행나무의 노란 잎들이 겨울 새벽바람에 실려 한없이 낙엽한다. 여름 소낙비 내리듯 떨어진다.

잎 떨구면서 차츰 선명하게 드러나는 빈 가지들이 황량하다. 쓸쓸함이 오히려 우련한 멋으로 배어나온다. 잎 덜어내고 선명해진 빈 가지는 그래서 애틋하다.

동산 위로 솟아오른 햇살이 땅 위에 떨어진 은행잎에 환하게 비쳐든다. 노랗게 반짝이며 한 해의 삶을 마무리한 낙엽이 기특하고 그냥 고맙다. 그중에 가장 작은 잎사귀 하나 가만히 집어 든다. 이리 작은 걸 보니 너무 늦게 돋아난 잎일 게다. 며칠이나 나무에 달려 있었을까. 짧은 생을 마감한 잎이다. 책갈피로 오래 써야겠다.

한 잎의 사랑은 아직 끝나지 않았다. 나무 위에서 지낸 생을 향한 사랑, 이제는 내 낡은 책 안에서 오래 머물 수 있게 해야겠다. 가을 아침볕이 차갑다.

열병熱病

문태준

퀴퀴한 방 한구석에 모과를 쌓아둡니다

저녁밥 짓는 연기가 탱자나무 울타리에 엉켜 꽃이라도 피우려 합니다

젖은 발을 뜨락에 얹다 말 붙일 곳 없어 감나무에 말을 건넵니다

감나무는 끝이 까맣게 탄 감꽃을 떨구어 보입니다

사람에 실성한 사람을 누가 데려 살까요

늘그막 젖무덤 같은 두꺼비가 그늘을 따라 길게 옮겨갑니다.

시골 길을 다니며, 저녁밥 짓는 연기를 본 지 오래됐다. 놀 물드는 이 땅의 저녁 풍경은 왜 이리 슬프기만 한가, 입술을 깨물게 한다. 나그네에게 저녁밥 짓는 연기는 슬프다. 하지만 밥 짓는 연기라면 언제라도 다시 보고 싶다. 지금은 많이 사라진 탱자나무 울타리라도 있으면 거기 엉켜 슬픔의 꽃이라도 피울 그런 연기 말이다.

울타리로 많이 쓰이는 탱자나무이지만, 홀로 정원수처럼 자란 탱자나무도 있다. 찾아보니 탱자나무는 생울타리가 아니어도 충분한 멋을 가지는 나무임을 알겠다. 전북 익산 이병기 생가의 모정茅亭 앞에 관상수로 심은 탱자나무는 잊히지 않는 멋진 나무다. 모정에는 '승운정勝雲亭'이라는 이름이 붙었다.

이 나무는 여느 탱자나무와 달리 하나의 줄기가 곧게 뻗어 오른 뒤, 사람 키 높이쯤에서 여섯으로 가지를 나누면서 둥글게 펼쳤다. 잘 다듬어낸 공 같다. 정자 이름 승운勝雲처럼 구름 위를 둥둥 떠다니는 애드벌룬 같기도 하다. 5m 조금 넘게 자란 이 나무는 아마도 우리나라의 모든 탱자나무를 통틀어 가장 아름다운 나무 아닌가 싶다. 한참을 들여다보면, 이 나무를 바라보며 나무처럼 꼿꼿하게 일생을 살아갔던 시대의 지사志士 가람 이병기 선생의 어린 시절이 꿈결처럼 어슴프레 나타났다 사라진다. 이 집 탱자나무처럼 거침없이 살아낸 선생의 삶이 그려진다.

탱자나무 울타리 위로 저녁밥 짓는 연기를 그려낸 문태준 시인

의 시는 한없이 정답다. 누가 그이의 시를 놓고 '오래 묵은 고리
궤짝 안쪽에 괸 시간에서 나온 종갓집 묵은 장醬맛' 이 난다고 했
다. 지금은 사라진 옛 풍경을 살려내는 시인의 솜씨가 구수하고
맛깔스럽다.

　방 한구석에 쌓아둔 모과며, 탱자나무 울타리, 뜨락에 서서 사
람이 건네는 말을 받아드는 감나무까지, 시인이 그려낸 나무의
풍경은 평화롭다. 그 맑은 평화는 그러나 지금은 거의 사라진 옛
것이다. 오래도록 잊혀지지 않을 바로 우리의 옛것이다.

　* 모과나무 : 가을에 맺는 열매도 쓰임새가 있지만 5월에 피는 꽃이 아
름다워 정원수로 많이 심는다. 꽃은 지름 3cm 크기의 연분홍색으로 피어
난다. 노란 열매가 탐스럽게 맺히지만, 목질이 많아 먹을 수는 없다. 향기
가 좋아 차로 마시거나 술로 담가 먹는다. 얼룩이 지며 벗겨지는 줄기 표
면도 아름답다.

　* 탱자나무 : 줄기마다 굵고 억센 가지가 독특하게 발달하여 생울타리
나무로 흔히 쓰인다. 가시는 3~5cm 크기다. 5월에 다섯 장의 흰 꽃잎을
가진 꽃을 잎보다 먼저 피운다. 10월께 맺히는 열매는 한방에서 약재로
쓰기도 하지만, 식용으로 쓰지 않는다. 세 장으로 이루어지는 잎도 특이
하다.

교목喬木

이육사

푸른 하늘에 닿을 듯이
세월에 불타고 우뚝 남아서서
차라리 봄도 꽃피진 말아라.

낡은 거미집 휘두르고
끝없는 꿈길에 혼자 설레이는
마음은 아예 뉘우침 아니라.

검은 그림자 쓸쓸하면
마침내 호수湖水 속 깊이 거꾸러져
참아 바람도 흔들진 못해라.

그이가 하늘에 닿고 싶었던 게다. 세월은 이육사에게 무엇이었을까. 세월의 무심한 흐름조차 육사는 견딜 수 없었다. 겨울 가고 어느 날 문득 다가선 봄날의 아지랑이를 육사는 잠시 멈추라 했다.

교喬가 높이 솟는다는 뜻을 가졌으니, 교목喬木은 하늘 높이 치솟아 오른 큰 나무의 이름이다. 중심 되는 하나의 줄기가 뚜렷하고 키가 대략 8m를 넘는 나무를 교목이라 한다. 이와 대비해 키 작은 나무는 관목灌木이라 부른다. 교목 가운데 비교적 낮은 키의 나무는 아교목 혹은 소교목이라고 부르기도 한다. 관목이라 해서 볼품없는 건 아니겠으나, 광야의 시인 이육사에게는 교목의 늠름한 기운이 깃들었으리라.

우리 문학사에, 혹은 일제 침략기의 우리 역사의 지사로 교목처럼 우뚝 솟은 이육사에게 교목은 자신의 뜻이자 이 민족의 염원이었을 게다. 식민지 시절, 그 정신의 검은 그림자는 쓸쓸히 깊은 호수 속에 거꾸러진 채였겠다.

그래도 시인은 세상의 어떤 바람도 그 정신의 한 가닥을 흔들 수 없으리라 노래했다.

침묵의 빛

최하림

뽀오얗게 새순이 돋아나는 봄날 마로니에 공원에는 병아리 같은 유치원 아이들이 하나 둘 하나 둘 소리하며 줄지어 걸어가고 나도 뒤를 따라서 걸어가고 사방의 나무들이 소리없이 하나 둘 하나 둘 그들의 소리로 외치면서 그들도 따라서 가고, 그런 움직임은 봄과 여름 내내 계속되었습니다.
 가을 되어 아이들 그림자도 뜸해지고
 은행잎이 물들어 떨어질 때도
 그러나 나무들은 하나 둘 하나 둘
 그들의 소리로 그리운 듯 되풀이하다가
 눈이 내리고 하늘이 언 날
 가끔 한 여자가, 한 남자가 허무처럼
 서 있던 날 나무들도 침묵을 하고서
 침묵의 빛으로 서 있었습니다.

　공원에 가면 어디라도 아이들이 있다. 늘 뛰는 아이들이 봄나들이 나온 병아리 떼 같다. 나무를 둘러싸고 맴맴 도는 아이들은 나무의 나이가 자기들 나이의 백 배쯤 된다는 걸 모른다. 여섯 살배기 아이들은 육백 년 된 나무의 포근한 품 안에서 거침없이 즐겁다.

　유치원 선생님이 나타나면 그제서야 하나 둘 하나 둘 소리 지르며, 삐뚤빼뚤 줄 맞춰 걷는다. 해바라기 나온 하릴없는 노인들의 눈길이 아이들을 졸졸 쫓는다. 아이들의 한바탕 법석이 지나고도 한참 지나 어스름이 깔리면 노인들도 어디론가 하나 둘 사라진다. 나무만 남는다.

　대부분은 봄에 그렇다. 아! 은행잎 다 떨어지고 부지런한 청소부가 낙엽까지 다 쓸어낸 늦가을, 텅 빈 공원 마당에는 그리움만 하냥 쌓인다. 가지를 스치는 바람에 겨울 추위가 묻어든다. 해가 중천에 뜬 한낮에도 아이들은 오지 않는다.

　아이들이 그리워진다. 젊고 예쁜 여자 선생님을 따라 하나 둘 하나 둘 하며 병아리처럼 종종거리며 걷던 아이들이 해를 넘긴 뒤에 또 찾아올까.

　봄에서 여름까지 내내 북적이던 공원이 고요하다. 나무만이 침묵의 빛으로 공원을 밝힌다.

탱자나무 울타리가 있는 과수원

송찬호

노란 택시를 타고 가을이 왔다 그런데 그렇게 앳된 가을은 처음 보았다 가을은 최신 유행의 결혼 예복을 입고 있었다 새 손목시계 새 구두 노랗고 산뜻한 나비 넥타이가 따분한 인생으로부터 달아나려는 그를 간신히 붙들고 있는 것처럼 보였다

새 구두에 달라붙는 흙을 피해가면서 그 얼뜨기 가을은 길을 몰라 한동안 과수원 입구에서 서성거렸다 그때 나는 보았다 탱자나무 울타리 너머 사과의 이마가 발갛게 물드는 것을

이윽고 가을이 울타리 너머 손을 뻗었다 찌를까, 찌를까, 탱자나무 가시의 망설임이 역력해 보였다 그럴 법도 했다 사과를 키운 건 가시이고 그 가시의 손으로 바람 속에서 요람을 흔들고 과육을 씻겨주었다

그렇다 이젠 다 자라 그 과육의 치수랄지 가슴에 있을 앙증맞은 태양의 흑점 같은 비밀스런 이야길 탱자나무 가시가 아니라면 누가 들려줄 수 있겠는가

그런 것을 아는지 모르는지 탱자나무 가시는 여전히 마무리 바느질에 바쁠 뿐이다 사과를 따가기 전 과육에 입힐 최후의 성장盛裝을 끝내야 했기에

아, 그러나 청춘에 무슨 죄가 있으랴 가을은 이미 사과의 단맛을 맛보았고 삶의 서약 따윈 이미 이 계절로부터도 저렇게 멀리 뒷걸음쳐 달아나 있으니

　내가 쓴 글을 지극 정성으로 봐주는 한 분이 고향 마을에 큰길이 나면서 아끼던 오동나무와 탱자나무 울타리가 뭉개진다고 울먹인 편지를 보내왔다.
　길 내는 일이야 어쩔 수 없다 치더라도 나무의 생을 짓밟는 일만은 줄였으면 좋겠다. 하기야 길을 내려면 사람 사는 집까지 허물어야 하는데, 그깟 나무 한 그루 베어내는 일, 아무것도 아니겠다.
　그러나 탱자나무 울타리를 뭉개고 나면 가을은 어떤 색으로 다가올 것인가. 노란 택시를 타고 오던 가을이 누구에게도 정겨울 리 없는 회색빛으로 다가오겠다. 울타리 너머로 다가오는 가을을 찌를까, 찌를까 망설이는 탱자나무 가시의 망설임을 그려보는 건 더 부질없겠다.
　울타리 안에서 오순도순 정겹게 속삭이던 어린 시절의 비밀스런 이야기들. 오랜만에 시골집에 돌아온 늙은 아낙에게 누가 그 많은 이야기들을 들려준단 말인가. 나는 한 번도 본 적 없는 그 아낙 고향 집의 오래된 탱자나무 울타리, 이제 곧 뭉개져나갈 탱자나무 울타리와 그 곁의 오동나무에 담긴 그이의 소중한 어린 시절이 안쓰럽다.

겨울나무

이수익

겨울은 환상적인 귀,
시력을 잃은 사위四圍로부터 음악을 듣고
점차
멀어지는
참사한 새들의 호흡 위에
내리는 눈
눈은 쌓이고,
그 순수한 무덤 곁에 소녀들은
아름다운 설화의 불을 피운다.

11월의 밤에 전별餞別한 꽃잎의
어머니는
화관花冠을 쓰고 잠이 들었네
탄질炭質의 땅에서 사금砂金을 찾던
손은, 은발에다 묻어둔 채로.

저무는 날의
사양斜陽은 분지盆地 위에
환등처럼 따뜻이 내리비치고
그 전모全貌의 폐허 위에 다시

눈이 내릴 때

들리는가, 찬미되지 않은 나무들이
지금 부르는 뜨거운 목소리를
불을 담은 수피樹皮의 벽壁을 터치고
봄으로 가는 그의 목소리를
아, 겨울에 가장 밝은 나무의 목소리를.

『잠잠이』라는 그림책이 있다. 잠잠이는 동화에서 봄여름가을 가도록 노래만 하고 일하지 않는 베짱이를 빼어 닮았다. 생쥐 잠잠이는 다른 쥐들이 열심히 일하는 내내 눈을 감고 졸기만 한다. '왜 졸기만 하느냐'는 질문에는 '빛을 모은다,' '소리를 모은다'는 둥 알 수 없는 답으로 슬쩍 눙치고 만다.

찬바람 불고, 생쥐의 마을에 겨울이 온다. 세상의 모든 빛깔이 사라지고 온통 무채색이다. 지붕 위로 하얀 눈이 덮이자 소리도 사라진다. 모두에게 답답하고 따분한 날들이 계속 이어진다. 그때 잠잠이가 나선다. 지난 계절 동안 모아둔 소리며 빛깔이며 이야기들을 하나 둘 풀어낸다. 칙칙했던 집안에 온갖 색들이 살아나고, 숨죽였던 이야기들이 화들짝 되살아난다. 그리곤 모두에게 생기가 돈다. 그리고 모두가 입을 맞춰 한마디 말한다.

"잠잠이는 시인인가 봐!"

얼마 전에는 어느 출판사에선가 『잠잠이』를 영어 이름으로 바꾸어 새로 냈다. 원래 이름이 그래서였겠지만, 그래도 나는 잠만 자는 생쥐를 우리 식으로 '잠잠이'라 부른 게 훨씬 좋다.

겨울나무는 '잠잠이'다. 무엇보다 빛깔과 소리를 잃고 따분해진 겨울 들녘에 홀로 서서, 잃어버린 시간과 빛을 되찾아주는 건 오로지 나무뿐이기 때문이다. 덮어도 덮어도 덮어지지 않는 이야기와 빛의 샘. 그건 지상에서 나무뿐이다. 그래서 겨울엔 찬미되지 않았던 나무들이 부르는 뜨거운 노랫소리를 들어야 할 일이다. 들판으로 나가 겨울에 가장 희망찬 겨울나무들의 노랫소리에 귀 기울인 뒤, 잠잠이의 친구들처럼 우리도 입 모아 이야기해야 한다.
"겨울나무는 시인인가 봐!"

고목

김남주

대지에 뿌리를 내리고
해를 향해 사방팔방으로 팔을 뻗고 있는 저 나무를 보라
주름살투성이 얼굴과
상처자국으로 벌집이 된 몸의 이곳 저곳을 보라
나도 저러고 싶다 한 오백년
쉽게 살고 싶지는 않다 저 나무처럼
길손의 그늘이라도 되어주고 싶다

   쉽게 살지 않은 시인 김남주는 알고 있었다. 나무처럼 산다는 게 얼마나 고통스럽고 힘겨운 일인지를. 나무처럼 살고 싶다는 그의 외마디에는 진실이 담겼다. 오래도록 나무를 바라본 사람만이 알 수 있는 진실이다.

   맹수가 다가와도, 비바람 몰아쳐도 한여름 뙤약볕이 내리쪼여도 단 한 걸음 피할 수 없게 뿌리 박힌 나무의 슬픈 몸뚱어리. 주름투성이 피부는 하냥 쭈글거리고. 세월을 견딜수록 상처 자국만 남는 나무의 삶은 결코 쉽지 않다. 죽고 싶어도 죽을 수 없고 살고 싶다 해도 제 뜻만으로 어찌할 수 없는 나무의 삶. 온갖 세상살이의 고통을 껴안으면서도 그는 가만히 길손의 그늘이 되어준다.

   나무처럼 쉽게 살지 않은 시인 김남주는 죽는 순간까지도 가쁘게 숨을 토해야 했다. 그런 나무 같은 사람이 그이의 바람처럼 한 오백 년 살지 못한 것은 지금 우리가 하릴없이 받아들여야 하는 안타까움이고, 아쉬움이다.

   김남주, 그가 그립다. 그가 바라보라 했던 나무가 그립다.

산수유나무

이선영

　처음부터 그는 나의 눈길을 끌었다
　키가 크고 가느스름한 이파리들이 마주보며 가지를 뻗어올리고 있는 그 나무는
　주위의 나무들과 다르게 보였다
　나는 걸음을 멈추고 그를 바라보기 위해 잠시 서 있었다
　그의 이름은 산수유나무라고 했다
　11월의 마지막 남은 가을이었다
　산수유나무를 지나 걸음을 옮기면서 나는 이를테면 천년 전에도
　내가 그 나무에 내 영혼의 한 번뜩임을 걸어두었으리라는 것을 알았다
　이것이 되풀이될 산수유나무와 나의 조우이리라는 것을
　영혼의 흔들림을 억누른 채 그저 묵묵히 지나치게 돼있는 산수유나무와 나의 정해진 거리이리라는 것을

　산수유나무를 두고 왔다 아니
　산수유나무를 뿌리째 담아들고 왔다 그후로 나는
　산수유나무의 여자가 되었다

　다음 생에도 나는 감탄하며 그의 앞을 지나치리라

지리산에는 산수유마을이 있다. 젊디젊은 스무 살 시절의 어느 겨울, 이 마을에서 '농촌활동'을 하기 전까지는 빨간 산수유 열매에 시골 아낙네들의 손가락 피멍이 담긴다는 걸 알지 못했다. 과육만 남기고 열매 속 씨앗을 뽑아내기 위해 산수유마을 아낙네들의 겨울밤은 하얗게 길어만 가고, 손가락 마디마디에는 피멍이 남는다. 그 산수유 열매가 몸에 좋은 약이란다. 누군가의 약이 되기 위해 누군가의 손에 피멍을 남기는 아이러니라니.

그리고 몇 해 전 경북 봉화의 산수유마을에서 겨우내 빨갛게 익은 열매가 가지에 그대로 매달려 있는 걸 봤다. 값이 꽤 많이 나가는 귀한 열매이지만, 열매를 따고 씨를 발라내는 일을 할 사람이 없어서란다. 산마을 붉은 산수유 열매가 그렇게 사람의 관심을 벗어나 가지에 매달린 채 겨울을 난다. 그래도 나무는 다시 봄이면 어김없이 샛노란 꽃을 피우겠지.

옷깃을 스미는 바람에 한기寒氣가 사라지지 않을 즈음부터 샛노란 꽃을 안개처럼 피워내는 산수유나무. 이 나무에 꽃이 피면 봄나들이 채비를 할 때다. 잿빛 동토凍土에 안개꽃처럼 아른아른 피어나는 산수유나무 꽃은 어찌 이리도 화려할까. 아마 겨울을 깨우는 처음 색인 까닭일 게다.

그 샛노란 꽃을 묵묵히 지나치게 돼 있는 정해진 거리는 얼마쯤일까. 다음 생에도 또다시 그 샛노란 환희에 감탄하며 지나치게 될 그와의 거리. '산수유나무의 여자'가 된 그이의 앞에 놓인 알 수 없는 거리가 무더기로 피어날 산수유나무 꽃송이처럼 아스라하다.

* 산수유나무 : 우리나라에는 처음에 중국에서 들어온 것으로 알려진 나무다. 오래전부터 한방에서 열매를 귀하게 여겼다. 특히 정력을 강하게 하고, 뼈를 보호하는 데에 주효하다고 한다. 나무는 7m 정도까지 자라는 그리 크지 않은 나무로, 줄기 껍질이 벗겨지는 특징을 가졌다. 꽃은 이른 봄에 20~30개가 뭉쳐서 피어나며, 열매는 8월부터 빨갛게 익는다.

침엽수 지대

김명수

깊은 밤 눈 덮여 고적한 곳에
꼿꼿이 머리를 하늘에 두고
침엽수들이 서 있다

먼 산맥을 이어
내어달리고 싶은 마음이건만
푸르른 정열에 가두어두었다

눈이 내리면 온몸에 흰눈을 이고
바람이 불면 우우 소리를 낸다

일월성신 잦은 계절의 변화에도
잎새조차 변하지 않음은 태고적 고독인가

차운 바람 부는 날에도
나무는 오히려 위엄을 잃지 않는다

그러기에 겨울밤 차가운 별도
침엽수 머리 위에 더욱 반짝인다

　침엽수만큼 늠름의 위엄을 갖춘 나무가 있겠는가. 꼿꼿이 날을 세우고 선 바늘잎, 하늘 향해 곧추선 장대한 위용, 모두 늠름하고 위엄 있는 자태다.

　『논어』에 "세한연후歲寒然後 지송백지후조야知松栢之後彫也"라고 했다. '눈 내리는 겨울, 날씨가 추워져야 비로소 소나무 잣나무의 아름다움을 알 수 있다'는 이야기다. 소나무 잣나무뿐 아니라, 바늘잎나무라고도 부르는 거개의 침엽수는 대지가 빛을 잃은 한겨울에 더 아름답다. 전나무 비자나무 가문비나무 주목 등이 모두 그렇다. 겨울에 그들의 날카로운 초록색은 한결 돋보이는 까닭이다.

　침엽수 가운데 전나무가 있다. 시인이 그려낸 침엽수 지대의 나무는 어떤 나무일까. 추운 고산지대에 무리지어 사는 나무로 분비나무 가문비나무 전나무가 있다. 모두 높은 산에서 하늘 향해 우뚝 솟는 매우 큰 키의 나무들이다. 키만큼 하늘을 뚫는 위엄을 갖춘 나무들이다.

　침엽수 지대의 이 나무들은 추운 곳에서 자라는 나무여서인지, 높이높이 자란다. 하늘을 찌를 듯 자란다. 태곳적 고독을 간직한 듯 홀로 높다랗게 자란 침엽수에서는 위엄뿐 아니라, 높은 기상과 절개도 느끼게 된다.

　예부터 큰 인물을 상징하는 나무로는 침엽수인 전나무를 많이 심었다. 기상이 하늘을 치솟는 큰스님을 기리기 위해서, 혹은 옛 선비나 장수의 기백을 상징하기 위해서도 전나무를 심었다. 나무의 곧은 품을 따른 탓이리라.

또 다른 침엽수인 소나무도 그렇게 사람들을 기억하며 심은 나무다. 아마도 한겨울에도 빛깔을 잃지 않는 소나무의 늘푸르름을 따르려는 사람의 생각이 나무에 닿았기 때문이리라.

전나무에서 주목 소나무 분비나무 가문비나무. 매운바람 부는 겨울에 오히려 더 위엄 있는 높은 산의 침엽수들. 그들 위로 파랗게 솟아오르는 겨울밤 차가운 별의 반짝임이 따뜻하기만 하다.

겨울나무

김영무

사람들이 옷을 껴입는 겨울에
왜 나무들은 옷을 벗을까

둥근 어깨며 겨드랑이
가지끝 실핏줄까지
청산리 자작나무는 왜 홀랑 드러내는가

눈송이 펄펄 꽃처럼 날리는 한밤중
춤출 수 없는 몸이라면 차라리
꼿꼿이 서서 얼어죽겠다?

깨질 듯한 하늘
찬바람 등등한 서슬에
낮달이 썩썩 낫을 가는 속수무책의 대낮,

겁먹고 숨죽인 봄햇살 유혹하려면
어쩌란 말이냐
무등산 겨울나무는 알몸의
신부가 되는 수밖에.

추운 겨울바람을 맞이하기 위해 옷을 벗는 나무가 나는 좋다. 나는 유난스레 겨울나무를 좋아한다. 가지 끝, 실핏줄까지 살아온 속내를 고스란히 드러내는 겨울나무의 속살. 거기에 얼굴을 부비면, 그가 바라보았던 온갖 사람살이의 자국들이 그대로 느껴질 법도 하다.

잎새를 다 떨군 겨울나무는 알몸으로 남아 짐승처럼 겨울잠을 잔다. 수액 빨아올리는 우렁찬 소리로 쿵쾅대던 줄기 안쪽도 고요하다. 하지만 그가 온전히 드러낸 줄기 껍질에는 그와 함께 살았던 사람들의 이야기가 담겨 있다. 오래될수록 더 정겨운 옛날이야기들이다. 가만히 귀 대면 나무들의 새살거림이 들려오는 듯하다. 구수하거나 한 많은 옛날이야기 담지 않은 오래된 나무는 세상에 없다. 귀 대고 들어보면 안다.

그렇게 나무는 자기를 바라보는 사람에게 제 풍모의 속살을 내어준 채, 가만히 봄 햇살을 유혹할 채비로 숨죽인 채 겨울을 난다. 다시 줄기 안쪽에서 희망의 수액을 거칠게 뿜어 올릴 새봄이 그리워진다. 알몸이어도 겨울나무는 그래서 희망이다.

* 자작나무 : 불에 타면서 '자작자작' 하는 소리를 낸다 해서 붙은 이름이다. 나무줄기가 하얗게 빛나며, 얇게 벗겨진다. 주로 추운 지방에서 자라기 때문에 우리나라에서는 강원도 북부 지방에서만 볼 수 있다. 잘 자

란 나무는 키가 20m에 이른다. 잎사귀는 삼각형의 달걀모양이며, 꽃은 봄에 암꽃과 수꽃이 한 그루에 따로 핀다.

너무 늦게 그에게 놀러간다

나희덕

우리 집에 놀러와. 목련 그늘이 좋아.
꽃 지기 전에 놀러와.
봄날 나지막한 목소리로 전화하던 그에게
나는 끝내 놀러가지 못했다.

해 저문 겨울날
너무 늦게 그에게 놀러간다.

나 왔어.
문을 열고 들어서면
그는 못 들은 척 나오지 않고
이봐. 어서 나와.
목련이 피려면 아직 멀었잖아.
짐짓 큰소리까지 치면서 문을 두드리면
조등弔燈 하나
꽃이 질 듯 꽃이 질 듯
흔들리고, 그 불빛 아래서
너무 늦게 놀러온 이들끼리 술잔을 기울이겠지
밤새 목련 지는 소리 듣고 있겠지.

너무 늦게 그에게 놀러간다,
그가 너무 일찍 피워올린 목련 그늘 아래로.

    나는 어디에서든 '목련을 좋아한다'고 이야기한다. 나무를 놓고, 좋은 나무, 싫은 나무를 가르는 게 그리 옳은 일은 아니겠지만, 내 목련 사랑은 오래된 일이고, 꼭 나무에만 얽힌 이야기가 아니기 때문에 나는 여전히 그리 말한다.

    내게 목련은 가난했던 어린 시절의 남루를 그려낼 수 있는 대표적 오브제다. 내가 살던 가난한 동네에는 여자 고등학교가 있었다. 가톨릭재단에 속해 있던 그 학교 화단의 목련 두 그루가 떠오른다.

    운동장 가장자리에 있는 화단인데, 한 켠에는 순백의 성모마리아 상이 있고, 그 앞에 양옆으로 한 그루씩 목련이 있었다. 목련에 꽃봉오리가 열릴 때쯤 여고생들은 나무 앞에서 축제를 했다. 내가 초대될 자리는 아니었지만, 나는 그날을 알았다. 어떻게 알아냈는지는 기억나지 않는다. 늦은 밤 촛불을 켜들고 목련 앞에서 벌이는 여고생들의 축제. 바라보기만 해도 설레게 하는 '누나'들의 축제 뒷자리에서 나는 촛불에 비친 그녀들의 말간 얼굴을 목련과 동일시했다.

    축제에는 당시 여고생들이 부르는 이름이 있었겠지만, 나는 여태 그걸 '목련 축제'로 기억한다. 여고생들과 어우러진 그 목련 축제는 오래도록 잊혀지지 않는 내 어린 시절의 풍경이다.

    그때 그 목련꽃만큼 아름다운 목련은 내 생애 어디에서도 찾을 수 없다. 돌이켜 보면 크거나 유난히 아름답지도 않은 나무였지만, 지천명知天命 가까운 나이에 이르른 지금도 목련만 보면 그때 그 여자고등학교, 그 목련이 떠오른다. 또 목련꽃을 한참 바라보고 있노라면 꽃잎 위로 그때의 그 여고생들의 마알간 얼굴들이 실루엣 되어 떠오른다.

 목련을 떠올리면, 사람들은 나희덕 시인처럼 그 처참한 낙화를 먼저 생각한다. 낮 동안 슬프리만큼 아름답게 피어났던 목련꽃, 심히 아름다웠던 탓일까? 누구라도 목련을 이야기하면 필경 그의 낙화에 안절부절못하면서, 그 참혹함에 혀를 끌끌 차게 마련이다. 목련꽃 지는 소리 듣는 밤은 그래서 참담하다.

 * 목련 : 북아메리카에서부터 동아시아와 히말라야에 걸쳐 자라는데, 유럽과 그린란드 지역에서는 목련의 화석이 발견되기도 한다. 화석은 시기적으로 백악기와 제3기의 것으로 확인되는 걸 보면, 목련은 1억4천만 년 전에 지구에 살았던 고대식물이라 할 수 있다. 흔히 보는 목련은 대부분 중국에서 들어온 백목련이고, 실제 우리 토종의 목련은 제주도 한라산 지역에서 자라는 나무다. 토종 목련은 백목련과 비슷하지만 꽃이 피어날 때, 백목련보다 조금 작은 꽃잎을 활짝 벌리고 피어난다는 차이가 있다.

겨울 사과나무를 위하여

박라연

제 키를 낮춘 만큼
탐스럽게 열리는 여자女子의 아이를 위해
앉은뱅이처럼 주저앉으려 하는 당신
온몸을 슬프게 구부리고만 있는 당신을 문득
태초의 어머니라 부르고 싶다
어쩌다가 벗은 몸의 처절한 자태를
나는 보고 말았는지
그때 그 순간은 이미 친숙한 운명이 되는지
내 죽어 한 그루 사과나무로 돌아와야 한다면
더 높이 솟아오르기 위해 숨을 쉬는 나무들
그들이사 짐작도 못 할 따뜻한 수액들을
둥글게 둥글게 공중에 매달아두리
어느 쓸쓸한 가을밤 홀로 눈떠
온몸의 붉은 반점들을 빠짐없이
달디단 사과라 이름붙이어놓으리

사과를 먹지 못하는 사람이 있다. 사각사각 씹히는 느낌이 견디기 힘든 까닭이다. 그러나 사과의 달디단 맛을 향한 그리움은 잃지 않는다. 씹어야만 하는 통과제의를 넘어서지 못하는 안타까움 때문에 사과의 달콤하고 시큼한 맛은 금세 그리움이 된다.

나무를 보는 것, 나무를 찾는 것은 모두 그리움이다. 나무 한 그루를 제대로 만나려면 아주 짧아도 한 해가 걸린다. 계절마다 그가 펼쳐내는 모습이 다르기 때문이다. 한 해 만에 그의 모든 모습을 볼 수 있다는 건 오히려 행운이다. 신록에서부터 꽃이 피고 열매 맺고 낙엽하기까지의 흐름을 제대로 보려면 대개는 두 해 정도의 시간이 걸린다.

예상 밖의 멋진 나무들을 우연히 만나는 일이 종종 있다. 예상치 못한 경우일수록 아쉬움이 겹치는 때가 많다. 가을에 노란 잎이 아름다울 은행나무를 봄에 만난다든가, 꽃 좋은 매화를 한여름에 만나는 경우가 그런 일이다. 개화 시기가 짧은 사과나무를 낙화 직후에 만나는 건 더 그렇다.

그럴 땐 하는 수 없이 이듬해를 기약하고 돌아서야 한다. 돌아와서는 마치 사랑하는 연인을 그리워하는 것처럼 끝 모를 기다림과 한없는 그리움으로 그 나무의 화려한 자태를 꿈꾸게 된다. 계절이 몇 번 돌고 또 도는 동안 습기처럼 배어든 가슴 깊은 곳의 그리움은 끊임없이 발걸음을 재촉한다.

물론 이듬해가 된다고 해서 나무의 개화라든가 단풍을 꼭 만날 수 있는 건 아니다. 그래서 마음속 성마름은 더 깊어진다. 그게 그리움의 깊이와 똑같다.

사과를 깨물지 못하는 내가 사과의 시고 단 맛을 그리워하는 것과 나무를 그리워하는 것이 어쩌면 그리 똑같을까 모르겠다. 얄궂고 서글픈 천생 나그네 인생이다.

＊사과나무 : 우리나라의 대표적인 과일나무 가운데 하나다. 열매인 사과를 얻기 위해 심고 가꾸지만, 봄에 피어나는 흰 꽃도 아름다워 사람들의 사랑을 받는다. 유럽 아시아 북아메리카 등지에서 모두 잘 자란다. 요즘 우리가 먹는 사과는 대부분 재배종으로 개량한 것이고, 우리나라의 야생사과 종류로는 능금이 있다.

백련사 동백숲길에서

고재종

누이야, 네 초롱한 말처럼
네 딛는 발자국마다에
시방 동백꽃 송이송이 벙그는가.
시린 바람에 네 볼은
이미 붉어 있구나.
누이야, 내 죄 깊은 생각으로
내 딛는 발자국마다엔
동백꽃 모감모감 통째로 지는가.
검푸르게 얼어붙은 동백잎은
시방 날 쇠리쇠리 후리는구나.
누이야, 앞바다는 해종일
해조음으로 울어대고
그러나 마음속 서러운 것을
지상의 어떤 꽃부리와도
결코 바꾸지 않겠다는 너인가.
그리하여 동박새는
동박새 소리로 울어대고
그러나 어리석게도 애진 마음을
바람으로든 은물결로든
그예 씻어보겠다는 나인가.

이윽고 저렇게 저렇게
절에선 저녁종을 울려대면
너와 나는 쇠든 영혼 일깨워선
서로의 무명無明을 들여다보고
동백꽃은 피고 지는가.
동백꽃은 여전히 피고 지고
누이야, 그러면 너와 나는
수천 수만 동백꽃 등을 밝히고
이 저녁, 이 뜨건 상처의 길을
한번쯤 걸어보긴 걸어볼 참인가.

　동백의 낙화에 온 우주의 숨결이 일순 멎는다. 지고至高 신비의 순간이다. 전남 강진 백련사 동백 숲 늙은 동백나무의 낙화는 참으로 그렇다.

　동백의 낙화는 그 숲 안에 고요히 들어서서 느껴야 한다. 가만히 눈을 감고 있으면, 후드득 새빨간 통꽃이 떨어지는 순간을 듣게 된다. 숨이 멎는 찰나, 고요의 동백 숲에는 창졸간에 비장함이 흐른다.

　천연기념물 제151호로 지정된 이 숲에는 오래된 동백나무 천오백 그루가 모여 자란다. 아직까지는 숲의 훼손을 걱정할 수준이 아니어서, 자유롭게 드나들 수 있다. 언제까지라도 편안히 그 안에 들 수 있으면 좋겠다. 언제라도 편안히 들어설 수 있는 아름다운 숲 하나쯤은 꼭 지켜졌으면 좋겠다.

　이 숲이 더 좋은 건, 숲 이곳저곳에 아무렇지도 않게 세워진 이름 없는 스님들의 부도가 있는 까닭이다. 이곳에 사람이 늘 함께 했음을 알 수 있는 표지다. 시처럼 동백꽃 모감모감 지는 발자국마다 누군가의 죄를 씻어내는 숲이 되기도 한다.

　산기슭 걸어 오르면, 다산茶山 선생의 유배 생활 터였던 '다산초당'이 있다. 유배 생활 중에 선생도 이 숲에 자주 들렀을 게다. 멀리로 강진 앞바다가 훤히 내다보이는 곳, 강진 백련사 동백 숲은 그렇게 사람들을 오래도록 품어 안았다. 서로의 무명無明을 들여다보며 고요히 천하의 숲으로 남았다.

인동忍冬잎

김춘수

눈 속에서 초겨울의
붉은 열매가 익고 있다.
서울 근교에서는 보지 못한
꽁지가 하얀 작은 새가
그것을 쪼아먹고 있다.
월동하는 인동잎의 빛깔이
이루지 못한 인간의 꿈보다도
더욱 슬프다.

'인동忍冬'이라는 이름을 가진 식물이 있다. 식물치고는 유난하다 싶은 이름이다. 겨울을 인내하지 않는 나무가 없는 까닭이다. 모든 나무는 겨울을 제가끔 슬기롭게 이겨낸다.

정확하게는 '인동덩굴'이라 해야 하는 이 식물은 한겨울에도 잎을 떨어뜨리지 않는다. 그래서 어려운 시절에도 뜻을 굽히지 않는다는 의지를 식물에 빗대어 누구는 자신의 별명처럼 쓰기도 했다. 그는 '인동초'라 했지만, 엄격히 하면 그건 틀렸다. 인동은 덩굴식물이기 때문에 초본식물에 붙이는 '초草'는 틀렸다는 이야기다.

시인은 모두들 잎을 떨군 한겨울에도 앙상한 가지 위에 매달린 인동덩굴의 잎새가 안쓰러웠나 보다. 이루지 못한 사람의 꿈보다 더 슬프다고 했다. 하긴 매운바람 부는 겨울, 나뭇가지 끝에 홀로 걸린 잎사귀를 보는 마음이 편할 리 없다. 이미 떨궜어야 할 잎새인 까닭이다. 때를 놓치고 가지 끝에 애면글면 매달린 한 장의 잎사귀는 그렇게 보는 사람의 가슴에 오래도록 슬프게 남는다.

그러나 그 겨울을 이름처럼 인내로 견뎌낸 인동이 새봄에 피워내는 꽃은 지극히 화려하다. 인동덩굴뿐 아니라, 다른 나무들도 그렇다. 겨울을 혹독하게 이겨내는 나무일수록 봄에 피우는 꽃이 더 아름답다. 슬픔의 끝은 마침내 새 기쁨의 시작임을 나무가 우리에게 가르쳐주는 셈이다.

* 인동덩굴 : 다른 물체를 감으면서 올라가는 덩굴식물이다. 가지는 붉은 갈색을 띤다. 늦봄에 흰색의 꽃을 피우는데, 나중에는 노랗게 변한다. 한약재로 많이 쓰이는 식물인데, 한방에서는 꽃의 색 때문에 '금은화 金銀花'라 하고, 잎과 줄기를 '인동'이라 부른다. 특히 해독작용이 강한 약재로 쓰인다. 민간에서는 차로 달여 마시기도 한다. 인동과의 식물 가운데에는 사진처럼 붉게 꽃을 피우는 종류도 있다.

낙원樂園은 가시덤불에서

한용운

  죽은 줄 알았던 매화나무 가지에 구슬 같은 꽃방울을 맺혀주는 쇠잔한 눈 위에 가만히 오는 봄기운은 아름답기도 합니다.
  그러나 그밖에 다른 하늘에서 오는 알 수 없는 향기는 모든 꽃의 죽음을 가지고 다니는 쇠잔한 눈이 주는 줄을 아십니까.

  구름은 가늘고 시냇물은 옅고 가을산은 비었는데 파리한 바위 사이에 실컷 붉은 단풍은 곱기도 합니다.
  그러나 단풍은 노래도 부르고 울음도 웁니다. 그러한 '자연自然의 인생人生'은 가을 바람의 꿈을 따라 사라지고 기억記憶에만 남아 있는 지난 여름의 무르녹은 녹음綠陰이 주는 줄을 아십니까.

  일경초一莖草가 장육금신丈六金身이 되고 장육금신丈六金身이 일경초一莖草가 됩니다.
  천지天地는 한 보금자리요 만유萬有는 같은 소조小鳥입니다.
  나는 자연自然의 거울에 인생人生을 비춰 보았습니다.
  고통苦痛의 가시덤불 뒤에 환희歡喜의 낙원樂園을 건설建設하기 위하여 님을 떠난 나는 아아 행복幸福입니다.

　죽은 듯 겨울잠 자다 꽃 피운 매화야 찾을 수 없겠지만, 한용운 선사禪師가 창문을 열고 내다보았던 그때의 단풍은 찾을 수 있지 않을까 하는 엉터리 기대감을 잔뜩 품고 백담사를 찾았다.
　단풍 붉게 물드는 가을이면 무리지어 찾아오는 사람들이 산 빛을 압도하는 곳이지만, 선사가 보았던, 노래도 부르고 울음도 우는 단풍나무를 찾으려면 어쩔 수 없다. 빈 가을 산, 실컷 붉은 단풍, 인생을 비춰보아도 좋을 자연의 거울이 그곳에 있으리라. 짐작은 그랬지만, 절집을 오가는 셔틀버스에서부터 그 짐작이 글러먹었음을 알았다.
　사람들에 밀리고 차이며 백담사 계곡을 걷고 또 걸어서 올랐다. 곱지 않은 인파의 법석 사이로 얼핏 내비치는 계곡의 단풍은 그래도 고왔다. 붉은빛으로 저리 곱게 단장하기 위해 지난여름의 녹음이 그리 짙었는가 보다.
　백담사 경내에 뜻밖에 단풍나무가 있다. '만해당卍海堂' 옥호가 선명한 새로 지은 집 앞의 넉넉한 화단 한가운데다. 절집 뒤켠에 고즈넉이 자리잡은 탓에 그나마 한가로이 나무와 마주할 수 있었다. 마치 만해 선사가 거울처럼 맑은 눈으로 설악의 단풍을 바라보려고 금방이라도 저 문을 열어젖히기라도 할 듯하다. 나무를 사이에 놓고 만해 선사와 내가 육십 년 세월의 거리를 뛰어넘어 마주 설 수 있다는 생각도 들었다.

물론 나무는 선사가 이 절에서 『님의 침묵』을 지어내던 그때에 있던 나무는 아니다. 나이가 그만큼은 안 돼 보인다. 게다가 시련도 많았던 절집이라니.

스님이든 절집 보살이든, 마침 단풍나무를 '만해당' 앞에 심은 사람이 참 고맙다. 이 절집의 누군가도 나처럼 만해 선사의 시를 보면서 단풍나무를 떠올린 것인지 모른다.

오래도록 단풍나무를 바라보았다. 평생 '님'을 노래했던 선사는 다른 시 「당신이 아니더면」에서는 아예 '나는 곧 당신이어요'라고까지 했지만, 여기에서는 님을 떠나 행복하다고 외친다. 고통을 넘어 환희의 낙원을 건설하러 떠나는 길이었기 때문일까.

한 편의 시에 매화 꽃 피는 봄과 실컷 붉은 단풍의 가을까지를 담아내고, 그 자연의 순리에 인생을 비춰 본 스님의 맑고 고운 향기가 그리워진다.

사람들이 이룬 턱없는 물결을 헤치고 돌아 나오는 길에는 나도 셔틀버스를 탔다. 셔틀버스 안에 징그러운 웃음소리와 수다스런 왁자함이 넘쳐났지만, 만해 선사의 단풍나무가 백담사 만해당 앞에 서 있는 한 언제라도 백담사는 마음이 평안한 곳이라 생각하며 나는 편안했다.

제아무리 야단법석이라 해도 백담사는 가을, 단풍 고울 때 찾을 일이다.

* 단풍나무 : 가을에 붉게 물드는 단풍이 아름다운 나무다. 당단풍을 비롯해, 신나무 시닥나무 고로쇠나무 복자기나무 등 2백 종이 있다. 우리 나라에서 가장 많이 자라는 나무는 당단풍으로 잎이 9~10갈래로 갈라진 다. 우리의 '단풍나무'는 잎이 5~7갈래로 갈라져 당단풍과 구별할 수 있 다. 설악산 등 중부지방의 아름다운 단풍은 대부분 당단풍이다. 목재의 무늬가 아름답고 재질이 치밀하여 악기나 가구의 재료로 쓰인다.

수장 樹葬

문인수

나무 한 그루를 얹어 심는 것으로
무덤을 완성하면 어떨까.

평평平平하게 밟아
그 일생이 보이지 않으면 되겠다.

너무 많이 돌아다녀 뒤축이 다 닳은 족적은 그 동안
없는 뿌리를 앓아온 통점이거나 죄罪,
쓸어모아 흙으로 덮는다면 잘 썩을 것이며
그 거름 빨아올려 내뿜는 한탄 무성하면 되겠다.

어떤 춤으로 벌서면 다 풀어낼 수 있겠는지,
느티나무든 측백나무든 배롱나무든 이제
오래 아름다운 감옥이었으면 좋겠다.

 죽어서 오랫동안 나무 곁에 머무를 수 있다면 좋겠다. 수목장樹木葬, 혹은 수장樹葬이다. 옛날 수장은 주검을 나무 위의 선반에 얹어놓는 것이었다. 지금 수목장은 주검을 나무뿌리 곁에 묻는 것을 가리킨다.

 죽어서까지 이 땅을 홀로 차지하는 건 내키지 않는다. 뒤에 남은 사람들의 마음 깊은 곳에만 자취를 남기고 흔적 없이 떠나고 싶다. 뒤축이 다 닳아 떨어질 만큼 길 위를 헤매던 지난 삶의 넋은 나무뿌리의 긴 속살거림을 벗 삼아 나무줄기를 타고 오르겠지. 그래서 살아서 닿아보지 못한 하늘로 오를 수만 있다면 살아서보다 죽어서 더 행복하겠다.

 제발, 정말 제발 멀쩡한 숲의 나무들 베어낸 자리에 헤벌쭉 묘지를 만들어놓고 역마살 서린 나의 넋, 땅속에 가두지만 않는다면 좋겠다.

* 측백나무 : 비늘 모양의 잎을 가진 늘푸른나무. 25m까지 자라며, 우리나라의 석회암 지대에서 잘 자란다. 줄기의 껍질이 세로로 길게 갈라지는 모양은 향나무와 비슷하다. 겨울에도 푸르른 나무여서 소나무 향나무처럼 정원수 조경수, 혹은 울타리 나무로 많이 심고 가꾼다. 같은 종류로 눈측백, 서양측백, 편백 등이 있다.

겨울 · 눈雪 · 나무 · 숲

기형도

눈雪은
숲을 다 빠져나가지 못하고
여기 저기 쌓여 있다.

"자네인가,
서둘지 말아."
쿵, 그가 쓰러진다.
날카로운 날刃을 받으며.

나는 나무를 끌고
집으로 돌아온다.
홀로 잔가지를 치며
나무의 침묵沈默을 듣는다.
"나는 여기 있다.
죽음이란
가면假面을 벗은 삶인 것.
우리도, 우리의 겨울도 그와 같은 것"

우리는
서로 닮은 아픔을 향向하여

불을 지피었다.
창窓너머 숲 속의 밤은
더욱 깊은 고요를 위하여 몸을 뒤채인다.

내 청결淸潔한 죽음을 확인確認할 때까지
나는 부재不在할 것이다.
타오르는 그와 아름다운 거리距離를 두고
그래, 심장心臟을 조금씩 덥혀가면서.

늦겨울 태어나는 아침은
가장 완벽完璧한 자연自然을 만들기 위하여 오는 것.
그 후後에
눈 녹아 흐르는 방향을 거슬러
우리의 봄은 다가오고 있는 것이다.

    기형도 그이는 한때 내 앞에 앉아 있었다. 같은 일터의 같은 기자였지만, 어딘지 그에게는 가까이하기 어려운 벽이 있었다. 늘 어둡고 허기진 모습으로 불안해하던 그이에게 어느 날, 갑작스레 '가면을 벗은 삶,' '죽음'이 찾아들었다.

    허망하게 그가 떠나고 난 뒤에야 비로소 살펴보게 된 그의 시들에는 그가 무엇을 그리 갈구했던지, 왜 그리 어두웠던지, 조금이나마 눈치 채게 하는 실마리가 담겨 있었다.

    그로부터 한참 뒤, 그이가 있던 문화부의 한 자리에 내가 앉았다. 그이가 했던 것처럼 나도 신문 지면을 채우는 기사를 쓰며 하루하루를 보냈다.

    그러다 어느 날, 나는 낮이면 거리의 나무를 헤아리고, 그이처럼 나무를 끌고 집으로 돌아오는 나를 발견하게 됐다. 나무는 침묵했지만, 나는 끊임없이 나무를 바라보았다. 아무리 바라보아도 나무는 겨를 없이 뛰어다니는 내게 한마디 말도 걸어오지 않았다.

    그리고 '늦겨울 태어나는 어느 아침,' 나는 태안반도의 천리포 수목원에서 '가장 완벽한 자연을 만들기 위해' 겨울에 피어난 한 송이의 목련꽃을 만났다. 다시 '눈 녹아 흐르는 방향을 거슬러' 다가오는 우리의 봄을 향해 그는 다시 돌아오지 못할 길을 떠났고, 나는 나무를 찾아 길을 떠났다.

동백冬栢꽃

유치환

그대 위하여
목 놓아 울던 청춘이 이 꽃 되어
천년 푸른 하늘 아래
소리 없이 피었나니

그날
한장 종이로 꾸겨진 나의 젊은 죽음은
젊음으로 말미암은
마땅히 받을 벌이었기에

원통함이 설령 하늘만 하기로
그대 위하여선
다시도 다시도 아까울 리 없는
아아 나의 청춘의 이 피꽃!

　동백만큼 노래에 잘 어울리는 꽃도 없을 게다. 김용택 시인도 동백을 노래했다. 그에게는 선운사 동백이 각별했던 모양이다. 그는 "여자에게 버림받고 / 살얼음 낀 선운사 도랑물을 / 맨발로 건너며 / (중략) / 눈물을 감추다가 / 동백꽃 붉게 터지는 / 선운사 뒤안에 가서 / 엉엉 울었다"(「선운사 동백꽃」에서)고 했다.
　선운사 동백 숲, 안에 들 수는 없어도 그 붉은 꽃 떨어지는 숲은 엉엉 울기 좋은 곳이다. 어디 선운사 동백 숲뿐이랴. 세상의 모든 동백 숲에 들면 한 번쯤은 엉엉 울어야 한다. 개화開花보다는 낙화落花를 먼저 떠올리게 되는 나무인 까닭이겠다.
　춘수락椿首落이라 했다. 동백의 젊은 죽음은 갑작스레 든 죽음이나 궂은일을 말한다. 혹은 망나니의 칼바람에 목이 베인 죽음을 그렇게 이야기하기도 한다. 모두 동백꽃처럼 원통한 죽음이다.
　시들지도 않은 한 송이 새빨간 꽃은 도대체 왜 떨어지는가. 암술 수술, 꽃송이를 이루는 한 부스러기조차 시들지 않았건만 동백꽃은 목을 떨구고 어느 순간 후드득후드득 눈물처럼 떨어진다. 처연하다. 나도 동백 숲에 들어 동백꽃 따라 목 놓아 울어야겠다. 그래도 푸른 하늘만큼 원통하기야 하겠는가 되물었던 시인 유치환을 나는 기억할 테다.

벌레집과 참새똥

하종오

목련에 참새들 날아들어
빈 나뭇가지에 지어진 벌레집들 부리로 쫀다
낡은 집 바깥에 나앉아 종일
목련 한 그루 바라보다가
참새들 언제 몰려오는지 궁금해하면
빈 나뭇가지들 휘어졌다가 펴지고
나는 더 움츠러든다
중년의 긴 실업을 견디는 추운 날들,
참새들 날 보며 고개 갸웃거리며 날아간 뒤면
외려 벌레집들 많아 보여
나도 고개 갸웃거리며 살펴보면
싸댄 똥들이 벌레집들처럼 덕지덕지 붙어 있고
내 들어가 누울 집이 조금 금가 있다
빈 나뭇가지들이 흔들린다
벌레집들 쪼아먹힐 때 생긴 생채기가 아픈가
참새똥들 때문에 부스럼 올라서 근지러운가
마침내 목련에는 망울들이 몽글몽글하고
나는 무엇으로 또 한 해를 버티나,

　누구는 한참 들여다보노라면 목련이 "외로운 여자 같다"고 했다. 그것도 "꼬옥 불혹不惑 같기만 한 여자"(김동원, 「목련」에서)라고 했다. 정말 그렇다. 목련꽃 필 때면 나도 목련을 한참 동안 들여다보곤 한다. 좋아서. 불혹의 외로운 여자 바라보듯 목련꽃 오래 바라본다. 아직 바람 찬데 너무 일찍 꽃 피운 건 아닌가, 걱정한다. 활짝 벌어진 꽃잎 안에 벌이나 나비가 들기엔 아직 바람이 차다. 이 꽃은 어떻게 열매 맺을까 궁금해하는데, 나무가 내 생각을 읽어서였는지, 바람이 차서였는지 이파리 하나 없는 빈 가지를 후룩 흔든다. 하종오 시인의 목련에는 참새라도 날아들었는데, 내 앞의 목련에는 한참 동안 아무도 오지 않는다. 이파리 나기 전 나무는 하얀 꽃잎을 모두 떨굴 텐데 푸르게 넓은 잎사귀들은 무얼 바라며 한 해를 버틸까. 지난해 지지난 해 백수처럼 나무 찾아 떠돌며 지낸 십 년의 세월을 나는 어찌 버텨왔는가 돌아보게 된다.
　하필이면 북녘의 남자를 사랑한 탓에 북쪽을 바라보고 꽃 피운다는 전설을 가진 이 나무가 겨우내 꽃송이 안에 품었던 꽃술들을 파르르 떤다. 다시 또 꽃 지고 나면 오래 꽃눈으로 버티고 또 버텨서 목련은 애닮게도 겨울바람 불어오면 꽃송이를 돋아내겠지. 올해도 또 누구보다 춥게 겨울을 나겠지. 내가 이 백수의 계절, 길 위에서 목련이 그랬던 것처럼 가벼운 생채기라든가 머리 위에 올라앉은 참새 똥을 보듬어 안고 다시 먼 길 떠나듯.

사물事物의 꿈 1

정현종

나무의 꿈

그 잎 위에 흘러내리는 햇빛과 입맞추며
나무는 그의 힘을 꿈꾸고
그 위에 내리는 비와 뺨 비비며 나무는
소리내어 그의 피를 꿈꾸고
가지에 부는 바람의 푸른 힘으로 나무는
자기의 생生이 흔들리는 소리를 듣는다.

　사람처럼 나무도 꿈을 꾼다. 햇빛 없으면 나무는 꿈꾸지 않는다. 마치 추억의 빛 없이는 사람도 꿈을 꾸지 못하는 것과 꼭 같다.

　사람들이 그렇듯 나무도 꿈을 꾸며 자란다. 내리쬐는 햇빛처럼 강렬한 힘을 꿈꾸고, 잎새에 부딪는 빗방울처럼 질긴 생명을 희망한다. 가지에 부는 바람의 힘으로 나무는 스스로의 자람을 알아챈다.

　서울의 정 동쪽, 강릉 정동진의 등명낙가사에 그리 바람이 많은 건, 아마 나무들에게 자람을 알아채게 하려는 건지도 모른다. 이 땅의 햇빛이 제일 먼저 닿는 곳이기도 하니까. 그 오래된 절집 요사채 옆의 참죽나무 한 쌍도 찬란한 햇빛과 입 맞추며 하늘로 하늘로 치솟아 올랐다.

나무

김정환

나무는 숨결이 꺼칠하다
충혈된 심장이
내 고단한 고막 속에서 할딱거린다
다시 돌아와도 마찬가지다
나무의 깡마른 어깻죽지가
어느새 새파란 하늘로 출렁여대면서
홀로 있을 때
그러나 나무는 나에게 아무것도 바라지 않는다는 투다
나무는 그냥 숨결이 꺼칠하다
우리가 뜨겁게 볼을 부빌 때까지
우리가 나무의 출렁이는 어깨를 잡아채 부여잡고
우리의 눈물로 이렇게 서서
아름다움은 배반이었다, 말할 때까지
나무의 호흡을 거칠게 두드릴 때까지
나무는 그냥 숨결이 꺼칠하다

나무의 충혈된 생애여, 우리들의 미학이여

나무는 어떻게 숨을 쉬는가. 그의 숨결이 꺼칠하단다. 고막까지 고단해진 소음 속 삶이거늘 귓전을 스치는 깡다른 어깻죽지의 나무가 토해내는 숨결이 꺼칠하단다.

사람들에게 나무 이야기를 할 때마다 나는 "가만히 나무 그늘 아래 멈춰 서보라" 한다. 나무 아래 서서 나무가 내뱉는 날숨이 나의 들숨 되고, 내 안을 돌아 나오는 나의 날숨은 나무의 들숨 된다는 걸 느껴보라는 이야기다.

누가 이 위대한 자연 생태의 순환 고리를 끊는가. 사람과 나무는 하나의 순환 고리 안에 단단히 매어져 그의 충혈된 생애가 바로 우리들의 미학이 될 수 있음을 깨닫는다. 그건 내가 나무에게 걸어가고 나무가 나에게 다가오는 길이다.

나무에게 말을 걸다

나태주

우리가 과연
만나기나 했던 것일까
나무에게 말을 걸어본다

서로가 사랑한다고
믿었던 때가 있었다
서로가 서로를 아주 잘
알고 있다고 믿었던 때가 있었다
가진 것을 모두 주어도
아깝지 않다고 생각하던 시절도 있었다

바람도 없는데
보일 듯 말 듯
나무가 몸을 비튼다.

나무에게 말을 걸어본 적이 있나요? 대답 없는 나무. 나무가 들려주는 이야기를 들으려 나무와 마음을 맞추려 애쓰는 일, 내게는 가장 힘겨운 일과다. 처음엔 오래된 나무에 담긴 깊은 내력을 들춰내기 위해 애쓰느라 그랬다. 십 년을 그렇게 지냈고, 요즘은 도시의 거리를 걸으면서 키 작은 가로수와도 마음을 맞추려 애쓰곤 한다.

물론 대답은 없다. 그러나 나무가 내게 마음을 열어주는 걸 느끼는 순간은 필경 있다. 오랜 응시가 이어지면 나도 모르는 사이에 그를 둘러싼 광경은 어느 순간엔가 환장할 지경의 아름다움으로 다가온다.

그러나 적잖은 시간 동안 마음을 맞출 수 없어 하나의 나무를 직수굿이 되풀이해 찾았던 적이 있다. 경북 안동 용계리 은행나무다. 비포장 산길을 굽이굽이 돌아들어야 하는 깊은 산골 용계마을, 임하댐 가장자리에 서 있는 무척 큰 나무다. 우리나라의 은행나무 가운데에 줄기의 굵기로는 가장 큰 나무다. 둘레가 자그마치 14m다.

지금은 수몰됐지만 댐 건설 전에는 용계초등학교 운동장 한쪽에 서 있던 나무다. 수장水葬되어야 할 이 나무를 살리기 위해 많은 사람들이 애썼다. 마침내 나무는 4년의 공사 끝에 15m 높이로 쌓은 인공산 위로 자리를 옮겼다. 1987년 당시 23억 원이라는 천

문학적 예산이 이 공사에 사용됐다.
　여러 가지로 유별난 점이 있는 이 나무를 내가 처음 찾은 것은 십 년 전이었다. 그러나 그 첫 만남부터 나무는 나에게 곁을 주지 않았다. 날씨가 흐린 탓이었을까. 크고 훌륭한 나무임은 분명하나, 왠지 내 눈에 그의 융융함은 도드라지지 않았다. 맑은 날을 이용해 다시 찾겠다는 마음으로 돌아섰다.
　그 뒤로 안동 쪽으로 길머리를 잡는 날이면 어김없이 내 행로에 용계리 은행나무가 들어 있었다. 나무의 풍채를 제대로 확인할 요량에 맑은 날씨를 택하는 건 필수였다. 그러나 골 깊은 곳이어서일까. 나무 곁에만 이르면, 주변 날씨는 금세 어둡고 흐릿해지기만 했다. 이 땅에 살아남은 최고의 은행나무, 그 위용을 단박에 드러내지 않는 나무가 야속했지만, 어쩔 수 없었다. 다시 또 찾아올 약속을 남기고 돌아서는 수밖에…….
　그렇게 칠 년을 되풀이하던 어느 날, 안동을 지나는 길이었다. 무척 무덥던 여름이었다. 안동을 답사할 계획이 아니어서, 서둘러 남쪽으로 길을 재촉하던 중이었다. 더위에 지쳐 국도변 휴게소에 자동차를 세우고 시원한 물 한 잔 마시는데 우연히 용계리 은행나무가 떠올랐다. 여러 차례 거듭된 헛걸음이 있었기에 그리 내키지는 않았으나, 남하南下하는 발길을 잡는 무더위 탓에 아무 생각 없이 용계 마을을 찾아들었다.

그날 나는 보았다. 내처 공들였던 이 나무가 드디어 내게 자신의 위용을 드러냈다. 하늘로 치솟은 나무 주위의 푸른 하늘, 둥둥 흐르는 흰 구름, 모두가 긴 세월 한결같이 바쳐온 내 정성이 나무에 통했다는 느낌이었다. 무뚝뚝하게 서 있던 나무가 드디어 마음을 열어 내 가난한 마음에 길을 터주었던 것이다.

바람 한 점 없는 용계리 임하댐 위에 서서 땀을 식히며 가만히 나는 은행나무에 말을 걸었다. 그는 보일 듯 말 듯 가만히 몸을 비틀며 온몸으로 그렇게 대답했다.

나무처럼

오세영

나무가 나무끼리 어울려 살듯
우리도 그렇게
살 일이다.
가지와 가지가 손목을 잡고
긴 추위를 견디어 내듯

나무가 맑은 하늘을 우러러 살듯
우리도 그렇게
살 일이다.
잎과 잎들이 가슴을 열고
고운 햇살을 받아 안듯

나무가 비바람 속에서 크듯
우리도 그렇게
클 일이다.
대지에 깊숙이 내린 뿌리로
사나운 태풍 앞에 당당히 서듯

나무가 스스로 철을 분별할 줄을 알듯
우리도 그렇게

살 일이다.
꽃과 잎이 피고 질 때를
그 스스로 물러설 때를 알 듯

나무처럼 산다는 것은 고행苦行이다. 힘든 일이다. 나는 나무처럼 살겠다 하지 않는다. 못한다. 하지만 일쑤 나무처럼 늙고 싶다고 한다. 그러나 틀렸다. 나무처럼 살지 않고서야 어찌 나무처럼 늙을 수 있겠는가. 나는 그래도 나무처럼 힘겹게 살고 싶지 않다. 월든 호숫가의 소로우처럼 살 재간이 내게는 없다.

어릴 적, 농사짓던 내 늙은 아버지는 절기節氣를 알 리 없는 나를 보고 혀를 차셨다. 나무만큼만 알면 된다고 했다. 그러고 보니, 나무만큼 절기를, 철을 올바로 아는 것도 없지 싶다. 잎 나고, 꽃 피고, 열매 맺는 일 모두가 철에 따라 몸을 바꾸는 일이었다.

사람 사는 일이 어디 그렇게만 될 수 있겠는가. 나설 때, 물러설 때를 어찌 온전히 알 수 있겠는가. 그걸 아는 거야말로 나무처럼 아름답게 늙을 수 있는 첫걸음이겠지.

태풍 앞에 당당히 서고, 가지끼리 손 마주 잡고 추위 견디는 나무처럼 사는 건 그래서 내 깜냥에 꿈도 못 꿀 일이다. 그래설까. 철을 수백 수천 번 넘긴 오래된 나무를 보면 단박에 알 수 없는 신비로운 향기가 느껴지는 것 말이다.